자존감,
행복을
부탁해

자존감,
행복을
부탁해

1판 1쇄 펴낸날 | 2022년 9월 16일

지은이 | 명혜리
펴낸이 | 나성원
펴낸곳 | 나비의활주로

책임편집 | 유지은
디자인 | BIG WAVE

주소 | 서울시 성북구 아리랑로19길 86, 203-505
전화 | 070-7643-7272
팩스 | 02-6499-0595
전자우편 | butterflyrun@naver.com
출판등록 | 제2010-000138호
상표등록 | 제40-1362154호
ISBN | 979-11-90865-74-6 03320

매일 조금씩
천천히
나를 사랑하게 되는
마음 트레이닝

자존감,

행복을
부탁해

명혜리 지음

나비의 활주로

자존감 높이기,
내가 가장 행복해지는 첫걸음

'내 마음을 나도 잘 모르겠어….'

살아가면서 이런 상황을 마주할 때가 있다. 오히려 '내가 날 모를 리가?'라고 자신감이 넘치던 사람이 갑자기 우울감을 느끼거나 자신의 지금 상태가 우울한 건지, 슬픈 건지, 다시 힘을 낼 에너지가 남아 있는지 알 수 없어 당황할 때도 생긴다. 너무 힘이 드는데 어떻게 해야 힘이 나는지 잘 알아차리지 못한 채, 힘든 상태가 깊어지기도 한다.

그런데 타의거나 자의거나 어떤 일 때문이거나, 한 번 무너진 정신을 통제하여 잘 이겨내는 사람이 있는가 하면, 어떤 이는 안타깝게도 그렇지 못해 극단적인 선택을 한다. 왜 이런 차이가 생기는 걸까? 그렇다면 힘든 상황을 이겨내기 위해 가장 필요한 건 무엇일까?

그것은 바로 '자존감'이다. 이론적으로 나는 이를 '회복탄력성'이라 표현한다. 회복탄력성이란 어려움이나 고난으로부터 금방 회복하고 원래 이전의 상태로 쉽게 돌아올 수 있는 능력을 말한다. 자존감을 제대로 이해하고 자기 내면의 힘이 얼마나 남아 있는지 한 번쯤 돌아보면 어떨까.

사는 게 즐겁고 신나는 분들보다 지치고 힘든 분들, 다른 사람을 챙겨야 해서 자신의 마음 상태는 돌아볼 여유조차 없는 분들이 많으리라 생각한다. 그런 분들에게 이 책이 작은 위로와 격려가 되었으면 한다.

나는 감정 노동의 강도가 가장 높은 직군인 항공 객실 승무원으로 10년 넘게 일하면서 즐겁게 일하는 이도, 겨우겨우 억지로 출근하는 이도 만났다. 지금까지 예상치 못하게 몇몇 주변 사람이 깊은 우울감에 빠져있거나, 지금은 만날 수 없는 곳으로 가버렸다. 그래서 살아가는 데에는 무엇보다 '내가 행복해지는 일이 중요하다.'고 깨달았다. 그리고 그 열쇠는 자존감이 쥐고 있다는 사실을 알게 되었다.

나 역시 하루에도 수십 번은 흔들리고 마음속으로 고민한다. 하지만 자존감은 훈련으로 높아질 수 있고, 자존감이 높으면 우리가 지향하는 행복한 삶에 도움을 줄 수 있다고 경험으로 알았다. 이와 더불어 내가 나의 마음 상태를 들여다볼 수 있는 기술이 필요한데, 이를 '마음 챙김'이라고 한다. 매일 나의 컨디션이 다르듯 마음 상태도 다르다. 그러므로 스스로 그 상태를 점검해 보고 필요한 부분을 회복시킬 수 있으면 챙김과 회복을 반복하며 긍정적인 선순환이 일어날 것이다.

이 책의 초반부에서는 자존감이 왜 중요한지 그 의미를 살펴본다.

또한 본문에 앞서 나의 자존감을 수치로 확인해 볼 수 있는 진단지를 준비했다. 이로써 자신의 자존감을 점수화하여 살펴보고 그중 낮은 요인에 관한 구체적인 각 솔루션을 챕터2에 실었다.

후반부에서는 인간관계에 대해 다룬다. 우리는 혼자서는 살아갈 수 없고, 누구나 다른 사람의 영향을 많이 받는다. 이 인간관계가 가장 힘들다고 한다. 그런데 자존감이 높으면 다른 사람의 감정도 잘 공감할 수 있으므로 인간관계 역시 좋아질 수 있으며, 그로 인해 내 마음의 평화는 유지되고 여유도 생긴다. 이것이야말로 나의 삶이 편안해지는 지름길이 아닐까?

이 책에는 '행복'이라는 단어가 자주 등장한다. 행복만큼 해석의 범위가 넓은 단어가 또 있을까? 내가 생각하는 행복이란 '정서적, 감정적으로 안녕한 상태'를 의미한다. 여기서 '안녕'은 우리가 인사할 때 쓰는 그것이다. 삶의 본질은 행복에 있다. 우리가 하는 행동에 자신이 불행하거나 나빠지기 위해서 하는 것은 없다. 한 애연가는 "담배를 피우는 것이 몸에 유해할지는 몰라도 그때 나는 마음이 좀 진정이 되면서 편안해져요."라고 말했다. 그는 담배를 피우면 행복해진다. 이왕이면 마음에 드는 옷을 사고, 봄이 되면 작은 꽃을 하나 키워보는 것도 마찬가지이다. 이처럼 삶의 본질은 행복에 있다고 해도 과언이 아니다. 자존감을 높이고자 하는 것도 바로 이 행복을 위해서이다.

여러 해 동안 강의하다 보니 강의와 관련된 주제의 읽을 만한 책을 요청하시는 분이 많았다. 자존감을 주제로 기업이나 학교에서 강의를 마치고 집에 오면 자신의 이야기가 한가득 담긴 장문의 편지가 늘 한두 개씩은 나를 기다린다. 부디 이 책이 그러한 분들에게 작은 도움이 되길 바란다.

자, 지금부터 자존감을 높이는 구체적인 방법을 하나씩 알아가면서 마음도 다독다독하면서, 나도 편하고 나를 둘러싼 관계도 원만해지는 길로 들어가 보자. 그럼 이제 내가 행복해지는 첫걸음, 시작해 볼까?

명혜리

진단지

나의 자존감 점수는 몇 점일까? 아래의 질문지에 답해보자.

> 체크 방법: **매우 그렇다** 5점, **그렇다** 4점, **보통** 3점, **아니다** 2점, **전혀 아니다** 1점

나의 자존감 측정해 보기	
1 나는 힘든 일이 닥쳤을 때 감정을 통제할 수 있다.	
2 내가 무슨 생각을 하면, 그 생각이 내 기분에 어떤 영향을 미칠지 안다.	
3 요즘 이슈에 관해 대화할 때 내 감정을 다스릴 수 있다.	
4 집중할 일이 생기면 스트레스를 받아도 기분은 좋다.	
5 나는 내 감정에 잘 휘말리지 않는다.	
6 개인적인 문제가 있어도 일에 잘 집중할 수 있다.	
7 당장 해야 할 일이 있을 때는 어떤 유혹에도 흔들리지 않는 편이다.	
8 어려운 일이 닥치면 내가 어떻게 해결하는 성향인지 스스로 잘 아는 편이다.	
9 누가 갑자기 화를 낼 때 일단 그 사람의 말을 들어본다.	
10 일이 계획대로 안 되더라도 쉽게 포기하지 않는다.	
11 소비나 지출 금액에 대해 계획을 세운다.	
12 즉흥적으로 일을 처리하기 보다 계획을 먼저 세우고 실행한다.	
13 문제가 생기면 몇 가지 해결 방안을 세워놓고 노력하려 한다.	
14 어려운 일이 생기면 그 원인을 생각하고 해결하려 한다.	
15 대부분 상황이 왜 발생했는지 잘 아는 편이다.	

16 사람들은 나에게 분위기 파악을 잘한다고 한다. 17 차분하고 꼼꼼하게 일을 처리한다는 말을 듣는다. 18 어려운 일이 생기면 일단 해결하기 전에 발생 원인을 생각해 본다.	
19 나는 분위기나 상대에 따라 대화를 잘 이끌어갈 수 있다. 20 나는 분위기 메이커이다. 21 내가 표현하고 싶은 적절한 말을 금방 찾아 잘 말한다.	
22 다른 세대 사람들과 대화하는 게 불편하지 않다. 23 대화 도중 딴생각하지 않는다. 24 대화할 때 내가 하고 싶은 말을 다 표현하는 편이다.	
25 사람들의 표정을 보면 어떤 기분인지 알 수 있다. 26 슬퍼하거나 화내는 사람을 보면 무슨 생각을 하고 있는지 잘 알 수 있다. 27 상대방이 화내면 왜 그러는지 이유를 잘 아는 편이다.	
28 나와 다른 사람의 행동이나 사고방식을 잘 이해하는 편이다. 29 친한 친구나 가족으로부터 '넌 날 잘 이해해 줘.'라는 말을 듣는다. 30 주변 사람이 내가 다른 사람 말을 잘 듣는다고 말한다.	
31 나는 주변 사람에게 사랑과 관심을 받고 있다. 32 나는 내 친구들이 정말 좋다. 33 주변 사람이 내 기분을 잘 알아준다.	
34 나와 서로 도움을 주고받는 친구들이 있다. 35 나와 정기적으로 모임을 하는 사람은 대부분 나를 좋아한다. 36 마음 터놓을 친구가 있다.	
37 열심히 일하면 언젠가 보답이 있을 것이다. 38 맞든 틀리든 '아무리 어려워도 난 잘할 수 있다.'라고 일단 믿는 것이 좋다. 39 어려운 상황이 닥쳐도 '난 모두 잘 해결할 수 있다.'고 확신한다.	

40 어떤 일을 마치고 난 후 다른 사람이 나에 대해 내린 평가를 별로 신경 쓰지 않는다. 41 나에게 일어나는 대부분의 일을 내가 컨트롤할 수 있다. 42 나의 미래를 생각해 보면 지금보다 성공한 모습일 것이다.	
43 지금 내 삶은 내가 생각하는 이상적인 모습에 가깝다. 44 내 인생의 만족스러운 것들이 여러 가지 있다. 45 나는 내 삶에 만족한다.	
46 인생에서 중요하다고 생각하는 것이 다 나에게 있다. 47 나는 다시 태어나도 지금 삶을 선택할 것이다. 48 나는 여러 많은 사람에게 고마운 마음이 있다.	
49 나에게 고마운 것을 모두 적는다면 아주 긴 목록이 될 것이다. 50 나이 들수록 내 삶의 일부가 된 사람, 사건, 생활에 감사하는 마음이 더 커진다. 51 나는 감사한 것이 많다.	
52 주변을 둘러보니 고마워야 할 것이 많다. 53 사람이나 일에 대한 고마운 마음이 그 상황에서 그때그때 바로 든다.	

진단 방법

1번~18번은 통제성에 관한 문장이다. 총합을 계산한다.

한국인 평균	55점 이하	56~63점	64~69점	70~74점	75점 이상
63점	유리 멘탈	조금만 노력!	보통	우수	멘탈 갑

통제성을 높일 방법은 챕터2. 나의 자존감 살펴보기의 내용 중 '키워보자 통제성' 부분을 참고하기를 바란다.

19번~36번은 관계성에 관한 문장이다. 총합을 계산한다.

한국인 평균	62점 이하	63~67점	68~73점	74~79점	80점 이상
67점	유리 멘탈	조금만 노력!	보통	우수	멘탈 갑

관계성을 높일 방법은 챕터2. 나의 자존감 살펴보기의 내용 중 '높여보자 관계성' 부분을 참고하기 바란다.

37번~53번은 긍정성에 관한 문장이다. 총합을 계산한다.

한국인 평균	56점 이하	57~63점	64~69점	70~74점	75점 이상
63점	유리 멘탈	조금만 노력!	보통	우수	멘탈 갑

긍정성을 높일 방법은 챕터2. 나의 자존감 살펴보기의 내용 중 '올려보자 긍정성' 부분을 참고하기 바란다.

세 가지 요인의 총합을 계산한다.

한국인 평균	170점 이하	171~190점	191~211점	212~220점	221점 이상
195점	유리 멘탈	조금만 노력!	보통	우수	멘탈 갑

요인별 점수가 매우 높지 않아도 총합이 중간이면 양호한 편이다.
낮은 요인에 대한 솔루션을 그대로 매일 실천해 보기를 제안한다.
훈련과 노력으로 충분히 자존감은 높아질 수 있다. 오늘부터 시작해 보자!

* 본 진단지는 레이비치(Reivich)와 샤테(Shatte)의 '회복탄력성 요인: 삶의 고난을 극복하기 위한 일곱 가지 핵심 기술(The resilience factor: Seven essential skills for overcoming life's inevitable obstacles)'에 소개된 문항을 번역한 김주환 교수의 설문 문항에 착안하여 필자가 식섭 편집하였다.

CONTENTS

CHAPTER 4 너와 자존감의 연결고리

CHAPTER 5 우리와 자존감의 연결고리

SELF-ESTEEM

행복의 필수조건
자존감

자존감 높은 사람이
행복하다

현재를 사는 법을 배우는 것은 기쁨의 행로의 일부다.
- 사라 밴 브레스낙(Sarah Ban Breathnach)

"누군가가 나에게 칭찬해 준 거…, 이 사람이 처음이다. 어쩌면 좋지? 이 사람을 좋아해버리면?"

이는 한 드라마 속 여주인공이 했던 말이다. 자존감이 바닥을 칠 때 누군가 던진 작은 긍정적인 한마디가 마음을 울렸다. 그래서 갑자기 평소에는 무심했던 그 사람이 마음속에 훅, 들어와 버린다. 이와 반대되는 상황도 있다. 가끔은 상대방은 별 뜻 없이 한 말인데, 그걸 알면서도 갑자기 화가 치밀어 오르고, 가슴속이 답답해지면서 우울의 늪에 빠져 밤잠을 설치기도 한다.

그런데 왜 이런 일이 빈번하게 일어나는 것일까? 바로 우리의 자존감이 지속해서 유지되지 않고, 바닥을 치며 떨어지는데 감정까지 요동치기 때문이다. 흔히들 '자존감이 높다거나 자존감이 낮아 자신이 없다.'고 표현한다.

행복한 사람은 공통으로 자존감이 높다. 이들은 자신에 관해 긍정적이고 낙천적이기 때문에 다른 사람의 얘기에 크게 마음이 요동치거나 휘둘리지 않는다. 위와 같이 누군가 자신을 예상치 못한 태도로 칭찬해 주어도 그 사람의 행동에 의미를 부여하지 않고 내가 칭찬받았다는 그 일 자체로 기쁨을 느낀다.

언젠가 한 기업에서 자존감을 높이기 위한 강연을 마치고 퇴근하였는데 이날 나의 강연을 들은 한 분의 메일을 받았다. 학창 시절 학교 폭력을 당했는데, 당시 치료를 받고 시간이 흘러 성인이 되어 사회생활도 겉으로는 남들처럼 잘한다고 했다. 그런데 그 사건을 경험한 이후 자존감이 너무 낮아져 다른 사람의 말에 상처도 잘 받고 자꾸 남의 말에 신경을 쓰게 된다는 내용이었다. 그런 자신의 태도가 싫어 바꾸고 싶지만 그럴수록 더욱 남의 눈치를 보고 누가 자기를 싫어할까 봐 걱정이라고 하였다. 자존감이 높으면 지금보다 더 행복하게 살 수 있을 것 같은데 도무지 그 방법을 모르겠다고 했다. 글을 읽는 내내 먹먹하고 마음이 아팠다.

자존감이 무엇이고 얼마나 중요하기에 우리가 살아가면서 자신의 감정은 물론 더 나아가 삶의 질에 영향을 줄까? 자존감은 나를 소중히 여기고 존중하는 마음이다. 그런데 여기서 그 마음이 다른 사람이나 외부 요소에서 오는 게 아니다. 내가 자신을 그렇게 느끼고 바라봐야한다. 그것이 자존감이 높다, 낮다고 가르는 기준이 된다.

　결국 외모가 얼마나 훌륭한지, 스펙이 어떻게 되는지, 금 수저인지흙 수저인지는 자존감 형성에 중요한 요소가 아니다. 똑같은 얼굴 생김새인데도 어떤 사람은 '아, 이 정도면 아주 괜찮은데? 매력적이야.'라고 생각할 수도 있고, 반대로 '외모가 이러니 내가 모태 솔로지, 휴~'라고 자학하게 될지도 모른다. 이렇게 나뉘는 결정적인 요소가 바로자존감, 이 녀석이다. 경제적으로 여유롭다는 이유로 부러움을 받는부자라고 해서 자존감이 높다고 단정 지을 수 없고, 외모가 빼어난 사람이라고 해서 자존감이 높은 것도 아니다. '과연 그럴까?' 싶을 수도있겠지만, 이 글을 읽으면서 차차 그 이유를 알게 될 것이다.

　나는 항공사에서 승무원으로 10년 넘게 근무하면서 참 많은 사람을만나고 다양한 상황을 겪었다. 그렇지만 몇몇 상황이 이해가 잘 안되었다.

　팀장인 박현정 선배는 정년까지 근무할 계획을 세우고 열정적으로일했다. 즐겁게 비행하면서 회사에서 제공하는 모든 복지 혜택을 누리고 비행이 끝나면 "오늘도 하얗게 불태웠어."라고 말하며 퇴근했다. 뒷모습에도 표정이 있다. 그 선배는 캐리어를 양옆으로 씰룩씰룩 흔들며 가고 있었다. 아마도 신난 발걸음과 손놀림 때문이었을 것이다.

후배 임경민은 입사 4년 차다. 이 친구를 생각하면 웃는 얼굴보다는 불만 섞인 표정이 먼저 떠오른다. 웃는 얼굴로 승객을 응대하고 돌아서면서 무표정한 얼굴로 심하게 싹 바뀌어 고객이 이를 보고 가식적이라며 한소리한 적도 있다. 생각해 보면 그녀는 자신에게 일어나는 일에 대해 부정적이다. 한 번은 회사에서 직장 동료를 보고 인사했는데 상대방이 인사를 반갑게 잘 받아 주지 않으면 자신을 무시했다고 했다. 그런데 그 동료는 당시 그럴 만한 상황이 있었을 수도 있다. 이 친구는 비행하고 싶어서 하는 것이 아니라 해야만 해서 하는 것이고, 할 수만 있다면 얼른 다른 일을 하고 싶다고 한다. 비행을 마치고 나면 그날의 힘들었던 일들이 떠오르고 자신이 능력이 없어서 그런 것 같기도해서 불행하다는 생각이 든다고 한다. 요즘에는 수면 유도제를 먹고 잠이 든단다.

비행 가기 싫은 승무원의 캐리어는 돌덩이보다 무겁고 얼마나 차가운지 모른다. 같은 직장을 다니면서 이들은 왜 이렇게 차이가 나는 걸까? 같은 일정과 업무, 승객과 같은 외부의 상황은 바뀌지 않는데 왜 사람마다 상황을 다르게 느끼고 받아들이는지 궁금했다. 결국 그 차이점은 '자존감'이었다.

임경민은 결국 퇴사했다. 그녀는 나에게 내가 승객을 대하면서 이런 스트레스를 받으려 승무원 되겠다고 그렇게 열심히 노력한 게 아니라며 그만두고 다른 길을 찾겠다고 했다. 나는 말릴 수 없었다. 이미 확고한 표정을 보았기 때문이다. 얼마 지나 그 후배와 식사하는데 나에게 하는 얘기가 "지금 직장 생활을 하는 사람에게 해주고 싶은 말이 있어요. 바로 '절대 그만두지 말라'는 말이에요." 하는 게 아닌가. 호기 있게 박차고 나와 새롭게 무얼 해보겠다고 했다가 퇴직금도 다 쓰고 이제 다시 시작해야 하는데 그 상황이 더 힘들다는 것이었다. 회사 안에 있을 때는 자갈밭 정도였는데 퇴직한 지금은 지옥 같고, 이걸 회사 생활할 때는 미처 몰랐단다.

이 두 명을 비교해 보면, 박현정 선배는 자존감이 높아 무슨 일해도 자신이 만족하고 신이 나는데, 그에 반해 후배는 자존감이 낮아서 하는 일이나 주변에서 일어나는 사건에 대해 불만을 느끼거나 부정적으로 인식한다고 알 수 있다.

승무원이라는 직업은 겉으로는 화려해 보이고 많은 나라를 여행할 수 있다는 장점도 있지만 감정 노동의 수준이 가장 높은 직군이다. 기내라는 한정된 공간에서 장시간 동안 감정을 억제하고 조절하면서 일해야 하기 때문이다. '어떻게 나의 감정까지 돈을 벌기 위해 사용하게 되었을까?' 이는 근무하면서 종종 들었던 생각이다. 어제 사랑한 사람과 이별했지만, 승객을 마주하고 있는 지금은 14시간 동안 웃으면서 일해야 하고, 부모님이 편찮으신데 아무렇지 않은 척 일해야 한다. 어린 자녀가 엄마 비행 가면 며칠 동안 못 본다고 울고불고 떼쓰더라도 현관문을 닫고 나오면 밝은 모습으로 일해야 한다.

코로나19가 심하게 퍼진 시기에 방역 수칙을 지키기 위해 고글과 마스크를 쓰고 비행하는데 웃지 않고 서비스했다고 불만을 제기하는 승객이 있었다고 한다. 이런 승객에게 승무원이 어지간한 정신력이 아니고서는 당해 내기 어렵다. 마스크를 쓰고도 웃어야 한다고 대놓고 말하는 상황 앞에서도 묵묵히 일해야 한다니…. 나도 예전에는 비행 중에 승객이 하는 행동에 상처받고 험한 말 한마디에 무너져 회의감에 비행을 그만둘까 고민한 적도, 비행 후 집에 와서 속상한 마음에 내내 잠을 못 이루는 일도 있었다.

승무원뿐만이 아니다. 서비스직을 포함한 직장은 물론이고 일과 가정의 양립에서 늘 갈등의 연속에 서 있는 워킹맘이라면 아이가 아파서 간호하다 밤을 새워도 정해진 시간에 출근해야 한다. 아침에 아이와 등교 전쟁을 한번 치르고 출근할 때는 몸도 지치고 마음도 심란하다. 단지 워킹맘뿐만 아니라 세상 모든 직장인이 그럴 것이다.

강한 엄마로 살아가야 하는 어머니의 역할을 하는 이들 역시 그렇다. 아이가 태어나면 엄마라는 일을 처음 시작한 신입인데 자꾸 노련해져야만 할 것 같고, 실수하면 자질이 부족해 보이고 힘들다. 육아는 예상하지 못하는 일이 대부분인데 혹시라도 아이가 잘못되면 그게 다 엄마 잘못인 것 같고 내가 부족해서 일어난 일이라고 느낀다. 그런데 이런 상황에서 왜 자신의 마음이 그리 힘든지 살펴보아야 한다.

이는 평안한 삶을 살고 자존감을 높이기 위해서 중요하다. 물론 단지 마음의 문제로만 그 어려움을 정의할 수는 없다. 체력, 다른 가족 구성원이 지원할 수 있는 일들, 재정적인 문제 등이 얽혀 있어 심리적인 부분만이 작용하는 것은 아니니까. 하지만 만약 마음을 제외하고는 모두 같은 조건이라고 한다고 해도 그런 상황을 받아들이는 태도는 천차만별이다.

한번 생각해 보자. 우리가 받는 상처는 내가 일방적으로 받는 것이지, 상대가 상처를 준다고 해서 그만큼 내가 모두 받는 게 아니다. 그리고 힘든 상황을 극복하는 과정도 최대한 빨리 나아지는 길도 분명히 있다. 그러니 결국 아픔을 빨리 털어내는 방법, 슬픔 안에 오래 머무르지 않고 그 고통에서 얼른 나오는 방법을 알면 좋겠다. 이것이 곧 행복하게 살아갈 방법이다.

이는 바로 앞서 말한 자존감을 단단하게 하는 방법과 연결된다. 그 첫 번째는 바로 내가 우선인 삶, 내가 마음에 드는 인생을 살아가자는 다짐이다. 뭐든 내가 행복한 게 첫 번째이고 나머지는 그다음으로 여긴다. 내가 하는 일은 나를 위해서인데 이는 곧 내가 좋아서 하는 것이어야 한다. 이는 이기적인 삶을 살라는 것이 아니라 삶의 중심이 나여야 하므로 누군가를 위한 희생이 모든 선택에서 결정적이어서는 안된다는 의미이다.

우리는 연인에게 종종 이렇게 말하곤 한다. "나는 당신을 정말 사

랑해, 우주만큼 사랑해. 내가 너를 얼마나 사랑하는지 표현할 수 있는 말이 없을 만큼 사랑해." 그런데 나는 나를, 나라는 사람을 얼마나 사랑하는지 자신에게 물어본 적은 있는가? 자아 존중감이라고 하는 자존감은 나를 사랑하는 그 마음을 의미한다. 학교생활에 적응하기 힘들어하는 학생에게 내가 물어보았다. "너는 너를 얼마나 사랑하니? 어울리기 위해 친구들을 바라보는 그 시선을 너에게 돌려 누구보다 너를 사랑해 주면 어떨까?"

그런데 현실적으로 이렇게만 생각하면서 일하기는 불가능하다. 우리는 대부분 먹고살기 위해 일하기 때문이다. 따라서 내가 이 일을 좋아할 수 있는 몇 가지 이유를 찾아보자. 예를 들면 나는 사람들에게 나눠 주는 것을 좋아한다. 그런데 비행하면서 승객에게 제공하는 것은 내 것을 주지 않아도 많이 나눌 수 있다고 생각할 수 있다. 서비스 후 여분의 간식을 더 제공할지 말지는 승무원의 재량이기 때문이다. 무심히 고객분들이 영화를 볼 때 주스와 곁들이는 쿠키를 챙기는 마음은 여기서 나온다.

자존감에 대해 좀 더 자세히 살펴보자. 자존감은 자존심과는 다른 개념이다. 자존심은 타인에 의해 인식되는 감정이다. 다른 사람과 견주었을 때 내가 우월하다고 느낄 때, 내가 남들보다 잘하는 성과가 눈에 보이게 나타났을 때 자존심은 올라간다. 이런 말을 가끔 하곤 한다. "내가 그런 일을 어떻게 해? 자존심 상하게."라고 말이다. 자존심이 나쁜 감정은 아니지만, 주변 상황과 내 상태에 따라 변할 수 있다.

하지만 자존감은 외부의 환경이나 사람에 의해 쉽게 영향을 받지 않고 내면의 자신에 대한 믿음과 애정이기 때문에 자존감을 높이면 당연히 만족도 높아진다. 자존감을 높이기 위해서는 흔히 우리가 말하는 멘탈(정신력)이 강해야 한다. 자존감이 높은 사람은 멘탈이 강하기 마련이다. 내가 내 마음 상태를 객관적으로 보고, 외부의 충격이나 상처를 빨리 극복하는 힘은 강한 멘탈에서 비롯되기 때문이다. 힘든 일이 생겼을 때 멘탈이 강한 사람은 금방 그러한 상황을 홀홀 털어버리고 일어나지만, 멘탈이 약하면 더 우울해지고 부정적인 생각만 하게 된다.

우리는 충격에 강해지도록 멘탈을 단단하게 만들어야 한다. 누군가가 무심코 던진 말이 누구에게는 공기 중에 사라져 의미조차 없는 소음일 뿐일 수도 있는데, 나는 가슴속에 콕콕 박혀 몇 날 며칠을 울면서 보낼 수는 없으니까. 그러니 자존감을 조금씩 단련해 본다. 그래서 내 의도와는 달리 받게 된 평가나 남이 하는 말에 휘둘리거나 자기 스스로 상처를 주는 일만큼은 없도록 마음을 튼튼하게 가꾸어 간다. 그러면 멋지게 사는 나를 만나게 될 것이다.

자존감이 높은 사람은 왜 행복할까? 이 사람은 남이 원하거나 부러워하는 삶을 선택하지 않고 자신이 하고 싶은 일을 능동적으로 택

한다. 그리고 자기 일을 성공적으로 끌어가기 위해 주도적으로 계획하고 실천에 옮긴다. 만약 실패했다고 하더라도 이와 같은 일이 반복되지 않도록 실패한 원인을 찾고 개선하려 한다. 즉, 타인과 비교하며 부정적으로 자신을 바라보지 않고 외적 환경에 쉽게 상처받지 않고 회복하는 방법을 찾으며 내 안의 느낌을 그대로 주관적으로 받아들인다.

사람은 자신이 원하는 것을 이루고 성취감을 느끼게 되면 이후부터는 타인에게 관심을 갖고 배려한다. 그래서 자존감이 높은 이의 인간관계가 좋아질 수밖에 없다. 그 결과, 이들은 이러한 태도를 유지하면서 후회 없이 만족하며 살아간다. 이것이 내가 내 삶의 주인으로 살기 위해서 자존감이 중요한 이유다.

자존감의 시작,
단단한 멘탈

행복의 한쪽 문이 닫힐 때, 다른 한쪽 문은 열린다.
하지만 우리는 그 닫힌 문만 오래 바라보느라 우리에게 열린 다른 문은 못 보곤 한다.
– 헬렌 켈러(Helen Adams Keller)

친한 후배에게 오랜만에 전화가 와서 안부를 묻는데 여자 친구가 생겨 꽤 진지하게 만나고 있다고 했다. 나 같은 꼰대는 당연히 진지한 만남은 결혼이라고 생각하기에 결혼 계획을 물어보았다.

"어머 어머 세상에, 축하해. 뜨거운 연애하는 거야? 나도 그랬던 시절이 그립다. 그러면 곧 결혼하는 거야?"

"아이고 선배님, 결혼은요 무슨, 우리 둘 다 지옥행으로 가라고요? 마음 편히 싱글로 조금은 나 하고 싶은 거 하면서 살 거예요."

이렇게 말하는 후배에게 선뜻 '아무리 그래도 남들 하는 건 해보는 게 좋다고들 하는데 결혼하면 좋은 점도 많아.'라고는 말하기 어려웠다. 결혼 후의 삶이 과연 지금보다 낫다고 단언할 수 없기 때문이다.

이 후배는 자존감이 넘친다. 다른 사람이 대놓고 자신을 비판해도 그 것에 휩쓸리지 않고 조곤조곤 반박도 하고 부족한 부분에 대해서는 빠르게 인정한다. 자기가 좋아하는 것을 찾아보고 새로운 것에 도전 하는 것을 두려워하지 않는다. 취미도 다양하다. 그러다 보니 지금에 만족하고 하루하루 즐겁게 산다. 월급의 일부를 부모님께 드리는 기 쁨이 크다고 하니 더 말할 이유가 없다. '자기는 지금이 참 행복하다.' 고 나에게 말했다.

앞서 말했듯, 멘탈이 강하면 사람들이 뭐라고 하든 말든 쉽게 좌절 하거나 남이 한 말에 크게 영향을 받지 않는다. 또한 다른 사람의 비 난에 쉽게 휩쓸리지 않고 얼른 긍정적 정서로 돌아올 수 있다. 긍정적 정서란 어떠한 환경이나 자극에 직면했을 때 내가 느낄 수 있는 좋은 감정이다. 예를 들면 만족, 즐거움, 신남 등이 있다.

이에 반해 얇은 유리와 같이 약한 멘탈은 누군가에게 한번 쓴소리 를 들으면 그 순간 빠직하고 금이 간다. 그리고 그 상태에서 다시 누 군가에게 나쁜 소리나 비난을 들으면 깨져서 산산조각이 나버린다. 원래처럼 되돌릴 수도 없고 되돌리고 싶은 마음조차 내기 어렵다. 누 구나 부서질 수 있지만 약한 멘탈은 자기 스스로 회복하고 싶은 의지 가 없다. 이는 스스로 가능성을 차단하는 것과 같다. '그럼 그렇지. 내 그럴 줄 알았지, 내가 시험에 붙었을 리가 없지. 혹시나가 역시나야.' 이런 말을 하며 더 외롭고 힘들게 하는 말로 자신을 몰아간다.

나는 학창 시절, 매우 소심한 성격의 유리 멘탈 아이였다. 그래서 생긴 별명이 '또 삐졌어?'에서 비롯된 또삐였다. 초등학생 때 3월 초 새 학년이 시작되어 한 명씩 앞에 나가서 자기를 소개하기가 가장 싫었다. 그런 나는 초등 고학년 때 2년이 넘게 지속해서 따돌림을 심하게 당했다. 어릴 때 키도 큰 편이었고 딱히 놀림당할 이유가 없었는데도 따돌림당했다.

내가 등교할 때 가해 학생이 내 돈을 가져가는 것은 물론이고, 나와 같이 괴롭힘을 당하고 있는 한 아이와 싸움을 붙여 둘 중 한 명이 이길 때까지 싸우게도 했다. 억지로 싸우는 두 명은 결국 누군가 한 명이 이겨야 끝나기 때문에 처절하게 싸운다. 잠도 잘 못 이루다가 겨우 잠들어서 일어난 날에는 온몸이 아프다. 며칠 동안은 걸을 수 있지만 뛰기는 힘들다. 그때 생긴 흉터가 아직도 남아 있다.

어느 날 나를 따돌리던 무리가 다른 친구를 괴롭히는데 나에게 그 친구의 옷을 밟고 찢어 쓰레기통에 버리라고 했다. 내가 싫다며 그 일에 가담하지 않자 그 아이는 많은 아이가 보는 데서 나의 뺨을 세차게 때렸다. 다들 반항하면 어떻게 되는지 보란 듯이 말이다. 그런데 잘못 맞아서 귀를 다쳤다. 그날 밤, 잠을 자려고 누웠는데 열이 나고 귀가 아파 밤새 끙끙대며 잠을 설치다 아침이 되어 학교에 가려는데 어머니께서 상한 내 얼굴을 보시고 무슨 일인지 물으셨다. 별 대꾸 없이 아무 일 없다고 하고 학교에 갔다. 그 사이 어머니는 내 일기장을 보셨고, 거기에는 그날 그 일로 내가 느낀 수치심과 바닥으로 떨어진 자존감에 대한 속 얘기가 그대로 적혀 있었다.

내가 학교에서 돌아오자 어머니께서는 학교에서 무슨 일이 있었는지 다시 한번 물어보셨지만 정말 아무 일 없다고 딱 잘라 말했다. 일을 크게 만들고 싶지 않았기 때문이다. 사실 이런 문제는 어른이 도와줄 수 없다고 생각했다. 괜히 부모님에게 말했다고 또 괴롭힘을 당할 게 뻔했기 때문이다. 그러자 어머니께서는 일기장을 보았다고 하셨고 난 체념하고 결국 솔직히 말씀드렸다.

내 얘기를 다 들으신 어머니는 나와 같은 몇몇 피해 학생을 일일이 만나 도움을 주시겠다고 이야기하셨고, 그렇게 나를 포함한 피해자가 다 같이 가해 학생 집에 갔다. 그러고는 가해 학생 어머니에게 모든 사실을 알렸고 그분은 당신 딸을 따끔하게 혼내서 버릇을 고쳐 달라고 하셨다. 어머니는 나에게 그 아이가 나를 밀었던 것처럼 해보라고 하셨다. 하지만 손발이 후들거리고 너무너무 무서워서 나를 쳐다보는 그 눈빛에 도저히 눈을 바라볼 수가 없었다. 그 아이를 차마 세게 밀지는 못하고 어깨를 살짝 밀었다. 나의 힘에 밀려 한 발짝 뒷걸음하는 그 아이를 보자 순간, 어디서 힘이 났는지 힘껏 한 번 더 밀었다. 내가 밀치자 뒤로 넘어지는 그 아이의 모습을 보며 깨달았다.

'아, 내가 두려워하던 이 아이도 알고 보니 별거 아니구나! 얘가 나를 어떻게 할 수 있는 게 아니었어! 두려움이라는 틀에 나를 가둔 건

그 아이가 아니라 나였구나.'

어머니께서는 뒤로 넘어진 그 아이를 일으켜 세우며 "어때, 너도 기분 나빴지? 네가 괴롭히고 때린 아이들은 어떤 기분이었을까? 지금의 너보다 훨씬 아프고 힘들었을 거야." 하고 말씀하시며 안아주셨다.

이 사건은 나의 유리와 같은 멘탈을 처음으로 단단하게 만들어준 계기가 되었다. 아마 누구든지 살면서 한 번쯤 따돌림을 당해 본 적이 있을 것이다. 얼마나 심한지 덜한지 정도의 차이나 기억이 선명하고 흐리고의 차이가 있을 뿐이다. 만약 나에게 그날의 일이 없었다면 따돌림당했던 일은 그저 숨기고 싶은 트라우마로 남아 있을 것이다. 큰 상처로 남아 '혹시 지금 누가 옛날 그 일을 알지는 않을까.'라며 신경 쓰며 살았을 지도 모른다.

그러나 나에게는 이제 그 사건이 타인에게 도움이 될 수 있는 소재가 된다. 따돌림을 극복한 나의 자존감도 높아졌다. 학교 폭력에 대한 기억으로 힘들어하는 학생이 있을 때 내가 한 경험이 있어 학생의 마음을 이해하며 공감할 수 있다. 학생과 대화가 끝날 무렵, 학생은 "와, 제 마음을 이렇게 잘 알아주시니 속이 뻥 뚫려요." 하고 말했다. 이는 다 내가 따돌림을 당한 경험 이후 그 기억을 위로와 공감의 도구로 만든 덕분이다.

흔히 나를 힘들게 했던 사건이나 사람에 대한 기억을 트라우마라고 부르며, 나를 이렇게 만든 직접적 원인으로 지목해서 내가 가지고 있는 결핍이나 문제의 책임을 전가하려고 한다. 물론 트라우마를 가볍게 논하는 것은 결코 아니다. 트라우마는 우리 정서에 지속해서 강하게 영향을 미치는 충격이기 때문에 트라우마가 생기면 숨을 쉬기 곤란하고 그 기억이 떠오르면서 머릿속이 하얗게 된다. 그뿐만 아니라 순간적으로 정신을 잃거나 얼굴 한쪽이 마비되는 등 신체적으로도 어려움을 겪을 수 있다.

그러나 생각해 보니 내가 자꾸 그 기억을 꺼내어 지금 나의 변한 행동을 그 일로 합리화하려고 하는 모습을 발견했다. '내가 이렇게 된 건 그 사람 때문이야. 내가 그 일 때문에 이런 성격이 됐지. 그 일만 아니었으면 난 지금보다 훨씬 더 잘되어 있을 거다. 그것 때문에 다 망친 거야. 난 이렇게 살 사람이 아닌데.' 혹시 이렇게 그 누군가를, 그 과거의 사건을 원망하는가?

그런데 곰곰이 생각해 보면 내가 힘들었던 몇 년 전 그 사건은 나더러 지금까지 같이 가자고, 같이 데리고 가라고 한 적이 없다. 나를 때린 아이에 대한 기억은 어른이 된 오늘까지 같이 있자고 하지 않았다. 이렇듯 어떤 과거의 기억으로 늘 마음 아파한다면 한번 짚어보자. 자꾸 그 기억을 끄집어내고 다시 곱씹으면서 스스로 불쌍하게 만들고 있는 건 아닌지 말이다.

만약 쓰린 기억이 있는 당신이라면 이렇게 해보는 건 어떨까? 그날의 기억은, 당신을 힘들게 했던 그 사람은 지난날 거기에 그냥 둔다. 그리고 당신만 거기서 뚜벅뚜벅 걸어 나온다. 당신을 괴롭히던 그 아이는 20년도 더 넘는 지난 시간 동안 당신 생각을 몇 번이나 했을까? 정말이지 이름을 기억이나 할까?

지금 나의 모습을 만든 건 바로 나다. 그래서 나를 변화시킬 수 있는 것도 오직 나뿐이다. 인생의 상처가 아물어서 새살이 돋아나면 그건 그 이전보다 더 값진 보석 같은 삶이 된다. 아픔과 괴로움을 겪지 않았다면 다른 사람의 슬픔에 깊이 공감하거나 그러한 상황을 이해할 수 없다. 내 아픔의 깊이가 손바닥만 한데 내 키만 한 깊은 상처가 있는 사람의 마음을 헤아릴 수 있을까?

'내가 지금 힘든 건, 이보다 더 큰 고통을 겪어보지 못했기 때문이다. 지난날보다 지금이 낫다. 지나가게 두면 과거이고 가지고 가면 현실이다.'

이는 지난 시간 힘든 일이 생기면 마음속으로 되새김질하던 말이다. 당신도 혹시 아픈 상처가 있는가? 그렇다면 이제 그만 놓아주고 현재만 보고 살아가면 어떨까. 당신의 빛나는 오늘과 내일을 위해서 말이다. 그러니 아픔은 과거에 놓아두고 현재에 나만 있다면 깊어진 내 인생을 감사하게 여길 여유가 생길 것이다. 높은 자존감이 기본이 되어 살아서 현재의 삶을 누리는 사람은 말할 수 있다. "그때 많이 힘들었지만 잘 견뎠어. 여기까지 왔으니 다행이야."라고 말이다.

상처를 극복하면
높아지는 자존감

◀
▲
●

슬픔이 아직 생생한데 회피하면 문제가 더 나빠질 뿐이다. 슬픔이 완전히 소화될 때까지
기다려야 한다. 그래야 남아있는 슬픔을 즐거움으로 제거할 수 있다.
– 새뮤얼 존슨(Samuel Johnson)

"엄마, 나 유치원 옮길래!"

어릴 적 딸이 유치원을 다닐 적 어느 날 갑자기 한 말이다. 이유를
물어보니 아이들이 딸아이의 까무잡잡한 피부에 대해 짓궂게 놀렸다
고 한다. 까만 아이와는 놀지 않으니 원래 네 나라로 가라고 했단다.
까만 내 피부 닮은 게 미안한 일이 될 줄이야. 그런데 이런 상황에서
아직 어린 딸아이에게 '우리 공주님이 얼마나 예쁜데! 그런 말 신경 쓰
지 마. 아주 예쁘고 귀여워.'라고 하면 과연 위로가 될까?

요즘 일곱 살은 사리 판단도 하고 웬만한 건 어느 정도 혼자서도 다
한다. 그러니 그렇게 말하면 오히려 '쳇! 엄마니까 그렇게 말하지. 친
구들은 안 그런단 말이야!'라며 반박하겠지. 그러면 아이가 원하는 대

로 다른 유치원으로 옮기면 이런 일이 끝날까? 앞으로는 이런 일이 생기지 않을까? 어디를 가든 남 험담하거나 못살게 구는 걸 좋아하는 사람이 있는데 말이다.

나는 아무 말 없이 사진 한 장을 보여줬다. 까만 피부에 매력적이고 건강한 이효리의 사진이었다. 예능 프로그램에 나오는 이효리를 알고 있는 딸이 사진을 보면서 물었다. "이 언니 사진은 왜 보여주는 거야?"

이 질문에 지그시 미소를 띠며 "이 언니 누군지 알지? 우리나라 가수 중에 인기 최고였어. 모두 이 언니를 좋아하고 따라 했지. 사진 속 모습을 봐. 어때? 까만 건강한 피부에 자신감 있는 표정, 멋지지 않아? 우리 딸은 이 언니보다 덜 까무잡잡하네? 그나마 너희 반에서 이렇게 멋진 사람 되기에는 네가 가장 유력한 후보인 것 같은데?"라고 말했다. 다행히 딸아이는 내 말에 수긍했다. 작전 성공.

몇 년이 지난 뒤 이렇게 물어봤다. "너는 너를 얼마만큼 사랑해?" 그랬더니 "나? 진짜 많이. 나는 나를 엄청 많이 사랑해."라고 대답했다. 당시에 딸아이는 친구들이 놀아주지 않아 상처받았지만, 잘 회복했다. 물론 그 일만으로 딸아이의 자존감이 높아진 것만은 아니겠지만, 우리도 이 아이처럼 마음을 어떻게 가지느냐에 따라 마음껏 자신을 사랑할 수 있다. 그것도 원하는 만큼 마음껏 말이다.

자존감은 회복탄력성과 같은 맥락에서 볼 수 있다. 회복탄력성이란 외부로부터 경험하는 고난이나 역경을 유연하게 극복하여 상처받기 전보다 더 건강한 상태로 회복할 수 있는 능력을 말한다. 즉, 시련을 겪었을 때 이를 딛고 일어나면 멘탈이 강해진다. 자존감이 높을수록 상처나 아픔에 시달리지 않고 빠르게 극복해서 일명 국대급 멘탈이 된다.

상처를 극복하여 자존감이 높아지는 과정이 바로 딸아이가 겪은 과정과 같다. 상처를 아픔으로 두고 곱씹고 울면 상처가 나의 발목을 잡는다. 앞으로 나아가려 할 때마다 내 발목을 붙잡고 못 가게 한다. 그러나 그것을 떨쳐내면 나와 같은 경험을 한 사람에게, 그 일로 상처받거나 상처받을 수 있는 사람에게 도움을 줄 수 있다. 그런 사람이 위로받는 모습이 나에게는 성취감으로 돌아와 나의 자존감을 높여준다. 경이로운 선순환이다.

힘들었던 경험이 없으면 어떻게 공감할 수 있을까? 힘든 일 한 번도 경험한 적 없는 척하며 고상하고 우아하게 대해야 할까? 나는 그냥 나의 과거를 얘기하면서 아픈 사람과 그 아픔을 함께 느끼겠다. 그런 일을 겪으면서 스스로 틀을 깨는 법을 배울 수 있기 때문이다. 이런 경험을 통해 우리는 직장에서 나와 편을 가르거나 나를 힘들게 하는 사람과 함께 일할 때조차 배워가며 대처할 수 있게 된다.

세상에 의미 없는 건 아무것도 없다. 아픈 기억이 그저 상처로만 남도록 두지 말아야 한다. 만약 내가 거리낌 없이 늘 아무 상처 없이 살아왔다면 다른 사람의 아픔에 공감할 수 없었을 것이다. 그래서 늘 이렇게 생각한다. '고난을 겪고 있다면 감사하자. 고난은 나를 키우는 자양분이 되고 다른 이에게 힘을 주는 쓸모 있는 사람으로 만들어 줄 거야. 상처로부터 회복하는 길이 자존감을 키우는 지름길이야.'

앞서 말했듯, 회복탄력성은 자신에게 닥친 어려움을 긍정적으로 받아들이고 도약의 기회로 삼는 힘이다. 현재까지도 회복탄력성은 꾸준히 연구되는 분야이기 때문에 다양한 사례와 정의가 있지만, 기본적으로 '시련과 역경을 극복하고 회복할 수 있는 잠재적인 능력'이라는 의미는 같다.

회복탄력성은 환경이나 경험을 통해 바뀌기도 한다. 시련의 정도에 따라서 그 수준이 높아질 수도, 낮아질 수도 있다. 또한 회복탄력성이 높은 사람은 처음 겪게 되는 스트레스 상황을 이겨낸 다음 이후 경험하는 강도 높은 스트레스에 더 잘 견딘다. 그러니 우리는 아픈 기억을 아프게 바라보는 게 아니라 우리의 멘탈을 강하게 해준 귀한 경험으로 바라볼 수 있다.

물론 고통스러운 순간을 견디기에 힘에 부칠 수 있다. 사랑하는 연인이 나를 떠났을 때, 삼키는 물이 그렇게 쓸 수가 없고 우연히 들리는 이별 노래는 전부 내 얘기 같은 적, 떠난 그 사람이 혹시나 연락할 거라는 기대감에 울리지 않는 휴대전화를 손에서 놓지 않은 적이 누구나 한 번쯤은 있지 않은가. 오랫동안 준비하고 계획한 일이 생각처럼 되지 않아 실패라는 결과로 돌아올 때 모든 걸 포기하고 싶을 때도 있다.

하지만 자존감이 높은 사람에게는 시간이 지남에 따라 괴로움이 점점 작게 느껴진다. 그뿐만 아니라 충격을 겪은 뒤의 삶에 더욱 잘 적응한다. 결국 당신에게 일어난 모든 사건은 자존감의 관점에서 보았을 때, 당신의 회복 능력을 높이는 계기이다. 우리가 이런 마음으로 나에게 덤비는 괴로움을 바라본다면 그 어떤 일도 함부로, 나의 동의 없이 나를 망가뜨릴 수 없다는 사실을 알게 된다. 상처를 극복한 결과가 얼마나 크고 놀라운지를 알게 되는 건 한층 성숙한 당신이 되었다는 의미이기도 하다.

지금 진짜 행복을 위해
살아가고 있나?

◀
▬
●

출생과 죽음은 피할 수 없으므로 그 사이를 즐겨라.
- 조지 산타야나(George Santayana)

"오늘이 내 인생의 마지막 날이라면 지금 하려고 하는 일을 할 것인가? 만약 '아니오!'라는 답이 계속 나온다면 다른 것을 해야 한다고 깨달았다. 인생의 중요한 순간마다 '난 곧 죽을지도 모른다.'를 명심하는 것이 나에게는 가장 중요한 도구가 되었다."

이는 스티브 잡스Steve Jobs가 생전에 했던 강의에서 매일 아침 거울을 보면서 한 자문자답이다. 당신은 어떤가? 아침에 눈을 뜨면 '오늘 내게 주어진 하루를 잘 살아내야겠다.'라고 긍정적으로 생각하는가? 아니면 밀린 일, 귀찮은 일 생각이 먼저 나면서 억지로 눈을 뜨는가?

퇴사하고 자유여행을 좀 해보자고 들떠서 남편과 여행을 갔다. 나는 처음 여행객으로서 나선 길이라 기대가 컸다. 드디어 도착한 라스베이거스 호텔에 짐을 풀고 건너편에 맛집으로 소문난 고든 램지 햄버거집에 갔다. 오랜 시간을 기다려 드디어 우리 순서가 되었다. 그런데 테이블 자리가 여의찮아 주방이 보이는 바 자리에 앉겠다고 했고 주문한 햄버거가 나왔다. 다른 사람이 주문한 음식을 만드는 걸 보면서 맛있게 먹고 있는데 왼편의 복도로 엄청나게 많은 사람이 소리치며 건물 안으로 들어오는 게 보였다. "어머, 어머, 유명한 할리우드 배우가 왔나 봐! 우리 대박 운 좋다. 누굴까? 나도 가서 보고 싶다!"

그런데 분위기가 심상치 않았다. 십여 분쯤 지났을 때 반대편 출구로 아까와 같이 많은 사람이 소리치며 건물 밖으로 나갔다. "에이, 그 연예인 벌써 나갔어? 아깝다. 우리 햄버거 다 먹을 때까지만 있어 주지. 나도 구경 좀 하게."라고 말하던 차였다. 그런데 갑자기 "모두 빨리 여기 주방 안쪽으로 들어오세요! 허리 숙이고 빨리요, 빨리! 서둘러요!" 하고 햄버거 가게 직원이 소리쳤고 그때 건물 안 모든 전등이 한순간에 꺼졌다.

나는 오른손엔 먹던 햄버거와 왼손엔 감자튀김을 든 채 오리걸음으로 엉금엉금 안쪽으로 들어갔다. 직원에게 무슨 일인지 물었더니 세상에, 누군가가 총을 쐈다는 거였다! 손님 중 몇몇은 혼비백산해서 나가고 난리가 났던 터라 오늘 식사는 무료이니 여기에 있다가 상황이 좋아지면 나가라고 했다. 고든 램지 버거가 공짜라니! 그 와중에도 "앗싸, 자기야, 공짜래. 어서 먹어."라며 맛있게 먹었다. 하지만 햄버거를 다 먹고 시간이 지나도 여전히 분위기가 어수선하였다.

우리가 묵는 호텔이 바로 건너편이라서 입구를 지키는 직원에게 우리 둘은 밖으로 나가겠다고 했다. 그렇게 나가 마주한 광경은 말 그대로 아수라장이었다. 사람들이 떨어뜨린 옷가지와 엉망이 된 가방이 널려있었다. 나와 남편은 건물을 나와 숙소를 향해 앞만 보고 전속력으로 뛰었다. 짧은 순간이었지만 누군가 보이지 않는 곳에서 총을 쏴 죽을 수 있다는 공포를 처음 느꼈다. 급하게 뛰다 여권이 든 가방을 떨어뜨렸다. "어머! 여보! 가방 떨어졌어! 어떻게 해!" 남편을 다급하게 불렀지만, 이 남자가 뒤도 안 돌아보고 자기 혼자 살겠다고 뛰어갔다. 역시, 인생은 혼자인가 보다. 여권만 안 들었어도 포기했을 텐데 승무원 시절 여권은 목숨과 같던 터라 몸이 먼저 반응했다. 난 울면서 뒤돌아 가방을 집어 들고 미친 듯이 달렸다.

그렇게 십여 초를 달려서 호텔에 들어와 불을 켜지 않고 방 커튼을 닫고 화장실에 들어가 문을 잠그고 잠시 기다렸다. 짧은 시간이었지만 그 순간이 그때는 몇 시간처럼 느껴졌다. 거리에는 경찰이 매우 많이 주둔해 있었고, 헬기가 하늘 위를 낮게 날며 엄청난 소리를 내었다. 그리고 밖으로 절대 나오지 말라는 방송이 계속 들렸다. 화장실에서 나와 숨을 좀 고르고는 남편에게 따지듯이 물었다. "내가 가방 떨어뜨려서 도와달라는데 뒤도 안 돌아보고 막 뛰더라? 달리기 그렇게 잘하는 줄 몰랐네? 내가 거기서 총 맞아 죽었으면 어쩔 건데? 어? 어쩔 건데? 이래서 상황에 닥쳐봐야 어떤 사람인지 알 수 있다니까?"

그러자 남편이 말했다. "둘 다 죽으면 애는 누가 키우냐? 그럴수록 냉정해야 하는 거야. 우린 부모잖아. 그리고 나였으면 여권 줍겠다고 다시 돌아가진 않아." 이 남자, 나보다 멘탈이 세다.

이날이 미국 최악의 총기 사건이 있었던 날이다. 팔백예순일곱 명의 부상자와 예순한 명의 사망자를 내었다. 21세기 이후 가장 많은 시민이 사망한 총기 난사 사건이다. 범인은 라스베이거스에 유명한 호텔인 맨덜레이 베이 호텔 32층에서 페스티벌을 즐기기 위해 모인 다수의 시민을 향해 총기를 연사했고, 그곳에 있던 사람은 콘서트장의 음향과 소음으로 인해 총성을 폭죽 소리로 착각하여 즉시 대피하지 못했다. 그리고 두 차례 난사가 이어졌다. 그렇게 총격이 10분 동안 더 있었다.

이 사건이 우리가 있던 곳 바로 옆에서 일어났다. 이 두 사건이 연관성이 있는지는 아직 밝혀지지 않았다. 이 일로 모든 행사와 쇼가 취소되었고, 다음 날 그랜드 캐니언으로 떠나는 길에 우리는 전날 밤 비극을 한눈에 볼 수 있었다. 여전히 옷가지가 널려있고 땅 위에는 붉은 핏자국이 스며있었다.

보통 사람은 라스베이거스를 떠올리면 화려한 조명과 음악에 맞춰 움직이는 멋진 분수 쇼를 생각한다. 만약 자존감이 낮은 사람이 이런 상황을 경험한다면 '나는 하는 일도 안 되고 원래 계획대로 되지 않아.

그러니 여행하러 와서도 이 난리이지. 내가 언제 또 여기 와보겠다고. 하필 내가 여기 왔을 때 이런 일이 생겨서 쇼도 못 보고 맛집도 못 가고. 내가 하는 일들은 모두 왜 이럴까?'라고 생각할 수 있다.

하지만 우리는 긍정적으로 받아들이기로 했다. 모든 조명이 꺼지고 아무 소리도 나지 않는 적막한 라스베이거스를 평생 살며 한 번이라도 볼 수 있을까? 물론 일어나서는 안 되는 일이었다. 그러나 그것은 내 영역 밖의 일이다. 희생자를 향한 깊은 슬픔을 함께 기억해야 하는 사건이라고 의미를 두기로 했다.

그날 이후 매 순간 열심히 살고자 한다. 그날 내가 잘못됐으면 지금의 나도 없으니까. 이 사건을 계기로 하루를 소중히 여겨야 한다고 머리가 아니라 몸으로, 마음으로 깨달았기 때문이다. 그래서 무엇을 위해 살아야 하는지를 자주 떠올리려고 한다. 총의 공포를 느낄 일이 없는, 총기 걱정이 없는 우리나라가 얼마나 감사한지 모른다.

사실 매일 감사하며 살아가는 것은 불가능하다. 그렇지만 해이해진 생활에서도 일상의 무탈함에 감사하려 노력한다. 시간이 지나면서 기억이 희미해지기 때문에 그때의 다짐이 지금과 같지 않지만, 무뎌지려 할 때 무기력해지려 할 때마다 잡스의 말처럼 오늘을 마지막 날인 것처럼 생각하며 그날의 사건을 떠올리곤 한다. 그리고 내가 하고 싶은 일을 후회 없이 하자고 마음을 다잡는다.

'무엇을 위해 살고 있는가?'

이 질문에는 '지금 이렇게'가 숨어있다. 다시 질문해 보겠다. 그럼 '무엇을 위해 지금 이렇게 사는가?' 당신은 왜 이리 아등바등 살아가고 있는가? 번듯한 직장에 들어가기 위해서 매일 끝이 보이지 않는 어두운 터널을 지나고 있는가? 아니면 지금보다 더 나은 삶을 사는 나의 미래를 위해 오늘도 간단히 도시락으로 끼니를 해결하고 자신을 계속 채찍질하고 있는가?

물론 미래를 위해 오늘을, 현재를 희생하는 것도 가치 있는 일이지만 우리가 지금 하는 일에 대해서 왜 하는지 생각해 본 적은 드물 것이다. 해야 하니 하고, 벌어야 하니 일한다고 한다. 그런데 일하다 보면 다른 것을 하고 싶고, 더 멋진 일을 해보고 싶은 생각이 든다. 그러다 도전이 불안하기도 하고 지금보다 안 좋은 결과가 나타날까 봐 걱정하다 이내 마음을 접는다. 그러기를 반복한다.

언제까지 이렇게 살 것인가? 내가 이 일을 그만두게 될 때까지가 답이라면 더더욱 지금 하는 일이 내가 하고 싶어서 하는 일이어야 한다. 자신이 원해서가 아니라 부모님을 위한 선택에 과연 후회가 남지는 않을까? 내가 하는 일을 적어도 내가 좋아해야 행복에 가깝다. 그래야 그 일의 결과가 내 뜻과 다르게 되더라도 억울함과 탓이 없다.

우리는 나의 삶의 중심에 타인이 아니라 나를 놓아야 한다. 그럴때 일하면서 받는 상처를 극복해서 자존감을 높일 수 있다. 타인을 위한 삶이 되면 어려운 상황을 직면했을 때 이를 긍정적 정서로 해결하기보다는 '난 못해. 다 싫다.'라는 부정적 감정에 휩싸인다. 또한 내가 노력한 그 사람과의 관계에서 마찰이 생길 때 억울하고 화가 난다. 그럴 때 나는 나를 다독여야 한다. '그 사람이 원하는 대로 하는 게 내 마음이 편해서 한 거야. 누가 알아주지 않아도 내가 알기 때문에 나는 괜찮아. 나도 노력한 거야.' 이렇게 마음으로 말해 보기 바란다. 이렇듯 자존감이 높은 사람은 오늘 힘들게 살아온 나를 스스로 위로해 줄 힘이 있다.

행복하게 일하는 방법,
자존감에 있다

◖
–
●

가장 용감한 행동은 자신만을 생각하는 것이다. 큰 소리로.
– 가브리엘 코코 샤넬(Gabrielle Bonheur Chanel)

"승무원으로서 진정한 서비스 마인드란 무엇이라고 생각해?"

회사 생활 중 신입 직원이 팀에 배정되면 이 질문을 늘 하곤 했다. 대부분은 고객 만족이 최고의 서비스, 승객을 위한 것이라고 대답했다. 물론 맞는 말이다. 그런데 오로지 고객을 위한다면 힘들지 않을까? 회사에 들어온 이유야 어찌 됐든, 치열한 경쟁에서 살아남아 입사했으니 나 자신이 오래오래 즐겁게 일하는 게 가장 중요한 목적이 아닐까?

내 마음에서 진정으로 우러나서 하는 서비스가 아니라면 주도적 서비스, 자신 있는 서비스, 진심으로 승객을 위한 서비스를 할 수 없다. 이와 같은 서비스 마인드가 제대로 잡히지 않으면 하기 싫은 일을 억지로 하는 것이 된다. 걸음걸이는 힘없이 터벅터벅, 승객에게 제공하는 식사 쟁반을 툭툭 놓게 된다. 어디 그뿐인가. 출근길은 비행을 가는 게 아니라 캐리어가 나를 질질 끌고 가는 모습이 되고 만다.

승무원이 입사 초기에 배우는 업무의 강도는 회사 생활 통틀어 가장 강하다고 볼 수 있다. 일 자체가 힘들다기보다는 처음 배우는 일이다 보니 어려울 수밖에 없다. 이때 동기부여가 돼서 내가 하는 일이 나 자신이 하고 싶은 일이 되지 않으면 근무연수가 쌓일수록 그만두고 싶고 힘들기만 할 것이다. 그런데 직장을 그만두면 상황이 좀 나아질까?

승무원은 공항으로 출퇴근해야 하지만 공항 근처에 살지 않는 경우가 많다. 집이 적당히 멀면 공항버스나 지하철을 타고 출근하고 매우 멀면 공항 근처에서 자취한다. 나는 공항 근처에 살았는데, 동생도 비행을 했기 때문에 부모님께서 이사를 하셨기 때문이었다.

특유의 발랄함이 넘치는 귀여운 후배 박혜정 승무원은 회사가 집에서 멀다. 박혜정은 집이 천안이라 인천공항까지 오려면 보통 편도 2시간이 넘었다. 말이 그렇지, 아침 8시 출발 비행기라면 최소 새벽 4시에 출발해야 한다(승무원은 비행기 탑승 약 2시간 전에 브리핑한다). 그 시간에는 공항버스도 운행하지 않는다. 한창 막히는 시간에 출근하지 않으려면 적어도 1시간은 여유 있게 나와야 할 것이다.

박혜정이 어느 날 퇴근 후 버스에서 잠이 들었다가 푹 자고 일어났는데 아직도 집에 가는 길이었다고 한다. 긴 통근 시간으로 지쳤을 법도 한데 늘 밝다. 또 어느 날은 팀원 중에서 가장 일찍 도착해있기도 했다. 그래서 장거리 출퇴근으로 힘들지는 않은지 물어보았다. 이 후배는 어차피 시간을 넉넉하게 잡고 아예 일찍 나오니까 제일 먼저 출근하는 날이 많고 브리핑 준비를 차 안에서 여유 있게 한단다. 피곤하면 아예 2시간 쭉 자고 출근하니 몸이 개운하다고 했다.

이렇게 다른 시각으로 바라보고 오히려 이 시간을 활용하다니! 놀라웠다. 밝고 긍정적인 그녀 덕분에 당연히 팀 분위기가 좋았다. 오랜 비행시간으로 고단해 다들 말이 없을 때 즐겁게 자기 얘기를 꺼내면서 고민까지 팀원에게 털어놓으니 특히 나 같은 꼰대는 조언해 주기 좋았다. 우리 팀은 평가도 좋아서 늘 인사고과 점수도 높았다. 긍정 에너지라고 하던가. 감정은 전이되기 때문에 그녀의 긍정 에너지가 우리에게 전해졌을 터이다.

반면에 임도연 승무원은 짧지 않은 비행 생활에 지쳤을 때 나에게 연락했다. 밥을 먹자길래 만났더니 인터넷을 검색하다가 우연히 나의 강의 기사를 접했고 궁금한 게 있어서 만나고 싶었단다. 자신도 한번 강의를 해보고 싶다고 하여 이렇게 조언했다.

"아마 유명한 강사 유튜브도 봤겠네. 그 사람들은 상위 1퍼센트야. 업계 최고이지. 나 같은 사람은 나머지 99퍼센트 중 한 명이고, 소수를 보고 나도 그렇게 될 수 있다는 생각은 좋은데 비행하는 것보다 천배는 힘들걸. 그런데 정 하고 싶다면 좋아, 할 수도 있지.

그런데 여기서 중요한 게 있어. 지금 내가 하는 일에 일단은 온 힘을 다해 보는 거야. 그리고 조그만 목표를 정하는 거지. 예를 들면 팀에서 높은 토익점수를 따겠다거나 가장 빨리 진급하겠다는 것 말이야. 그리고 그렇게 열심히 해서 목표를 이루었을 때, 그만두는 거지. 이건 포기와 다른 거야. 최대한 노력하는 그 과정에서 일에 대해 다시 재미를 느낄 수도 있어. 중요한 건 무언가를 다시 시작하고 특히 포기하는 게 쉽지 않음을 배우는 거야. 막연히 다른 것을 하고 싶어서 일을 그만두고 다른 일을 한다면 상당히 불안할 거야. 무슨 일을 하더라도 포기가 쉬우면 안 돼. 포기가 쉬우면 시도와 포기를 반복할 거야. 일단 비행에 후회가 없이 좀더 노력해 보고 그래도 안 되면 다른 걸 찾아보자. 그리고 그건 강의일 수도, 다른 것일 수도 있어.”

그렇게 조언하고 임도연과 헤어졌다. 다음에 임도연과 연락해서 들은 이야기로는 팀에서 일 등을 받기 위해 열심히 하니 오히려 이 일이 좋아졌고 온 힘을 다하니 보람을 느꼈다고 한다. 그리고 만약 다른 일을 한다면 잘할 수 있을 것 같은 자신감이 생겼다고 한다. 자기의 자리에서 열심히 하니 좋은 결과로 돌아왔다.

회사에 다니다 지치고 힘들어 퇴사하고 싶은 심정이야 누구보다 잘 이해하지만, 그 밖은 전쟁터이다. 내일 아침 출근이 막 기다려지거나, 빨리 회사에 가고 싶거나 매일 학교 가고 싶은 마음이 굴뚝같은 사람이 과연 몇 명이나 될까? 하루하루 쌓이는 스트레스, 피하고 싶은 일, 싫은 그 누구를 대해야 하면서 살아간다.

그래서 내 마음이 건강해야 한다. 그래야 자신이 속한 곳에서 가장 밝은 면을 바라보며 생활할 수 있다. 이왕 할 거면 자신의 상황에서 작은 즐거움을 만들고 거기에서 의미를 두면 좋겠다.

자기가 하는 일에서 만족을 느끼기 위해서는 생각을 바꾸어야 한다. 이런 얘기 들어본 적이 있을 것이다. 물을 절반 담은 컵을 보고 '반밖에 없네.' 또는 '그래도 절반이나 있네!' 하는 관점의 차이를 잘 드러내는 이야기 말이다.

우리는 일상에서 판단해야 하는 상황을 늘 겪는다. 맛집이라고 해서 후기가 좋아 선택했던 음식점의 기다리는 줄이 길어 오랫동안 기다렸다고 가정해 보자. 기대하며 주문한 음식을 먹었을 때 맛집이라는 소문과 기다린 시간을 생각하며 맛을 평가한다. 이때 음식 맛이 극찬할 정도는 아니었다면? 같은 테이블에 앉은 사람들끼리도 '생각보다 별로인데? 이거 먹으려고 그렇게 기다렸나?'라고 생각할 수 있다. 또는 '오래 기다릴 정도는 아닌데 뭐 이 정도면 한 번쯤 올 만하네.'라고 여길 수도 있다.

어떤 사람이 회복탄력성이 높을까? 회복탄력성이란 성공을 위한 에너지이다. 수험생이라면 수능만 끝나면 문제가 없을 것 같지만 그게 끝이 아니고, 취업 준비생이면 입사하면 다 해결될 것 같지만 진짜 시작에 불과하다. 행복이 목표 달성에 있지 않기 때문이다. 어쩌면 어떠한 상황에서든지 지금에 충실하고 만족하는 데 좌우된다.

만약 오늘 하루의 무게가 너무 무겁게 여겨진다면 하루를 좀 더 가볍게 만들어보자. 자기만의 아주 달성하기 쉬운 목표 딱 하나 정한다. 매일 높은 기준과 목표를 자신에게 강요하면 하루가 힘겹기만 할 테니까. 예를 들어 동료에게 짜증이나 화내지 않고 하루 보내기라던가, 학생이라면 밥 먹고 나서 1시간 이상 쉬지 않기처럼 자신이 제어해서 이룰 수 있는 목표를 세워 지킨다. 그리고 이를 놀이처럼 받아들인다. 왜 놀이일까? 이것은 작은 재미로 볼 수 있기 때문이다. 그런 별것 아닌 것처럼 보이는 목표도 실제로 달성하면 꽤 큰 만족감과 더불어 자신감을 심어주기에 충분하다.

현재 당신의 삶에 얼마나 스스로 만족하고 있는가? '오늘 나 충분히 잘 해냈어, 애썼어.'라고 자신을 격려하는 당신이라면 자존감이 높을 것이다. 만약 그렇지 않다면 지금부터라도 달라지면 되는 것일 뿐. 다행히도 자존감의 수준은 당신의 노력 여하에 따라 충분히 올라갈 수 있다.

지금 하는 일이나 학업을 마지못해서가 아니라 의미 있는 그 무엇으로 여겼으면 좋겠다. 그리고 그건 종이 한 장의 두께 차이가 나는 마음먹기에 달려 있다. 해야 하는 일, 거기서 이왕이면 좋은 점을 단 하나라도 찾아보자. 여기서부터 시작하는 작은 깨달음과 소소한 즐거움은 무기력했던 일상을 바꾼다.

잘 산다는 것,
행복하다는 것

◀
◠
●

다이아몬드를 찾는 사람이 진흙과 수렁에서 분투해야 하는 이유는 이미 다듬어진 돌 속에서는
찾을 수 없기 때문이다. 다이아몬드는 만들어지는 것이다.
– 헨리 B. 윌슨(Henry Wilson)

"그래, 너 잘났다. 잘 먹고 잘 살아라."

이는 어릴 때 친구와 말다툼하다가 할 말이 없어지면 누구나 한 번
쯤 해보았을지도 모른다. 진짜 잘 산다는 게 어떤 뜻인지도 모르면서
말이다. 그런데 진짜 잘 산다는 건 과연 어떤 의미일까? '나중에는 지
금보다는 잘 살고 싶다.'라고 하면 경제적으로 여유가 있는 삶에 대한
갈망이 담겨 있다. 어머니가 딸에게 "야, 아이고, 너는 나처럼 고생하
지 말고 잘 살아라." 하는 건 당신보다 모든 면에서 잘 살길 바라는 마
음일 것이다. 돈이 많다고 다 가진 건 아닐 테고, 돈도 있고 사랑받고
정서적인 부분도 모두 합쳐 덩어리째 던진 말이겠지 싶다.

내가 존경하는 배우가 있다. 비행 시절, 한 번이라도 모시고 싶었고

할 수 있다면 짧게나마 이야기를 나누고 싶었다. 그는 바로 배우 성동일이다. 작품으로만 접했던 이분을 인터뷰에서 보았다. 연극배우로 오랜 시간 무명 생활을 하다가 인기를 얻어 유명 배우가 된 사연을 털어놓은 프로그램에서이다. 옛날에는 형편이 어려워 가족과 외식하는 일이 드물었는데, 이제는 고민 없이 마음껏 치킨도 시켜 먹을 수 있어 좋고, 잘 살게 되니 행복하다고 하였다. 부엌에는 큰 테이블이 놓여 있었다. 그때 난 생각했다. '이분은 정말 잘 살고 계시구나, 나도 좀 잘 살고 싶다.' 사실 부러움이 더 컸다.

그런데 '잘 산다.'라는 의미는 과연 어디까지일까? 부자이면 잘 사는 것이라고 여기지만 그게 전부라고 보기는 어렵다. 실제로 생활하는데 필요한 어느 정도의 경제적 여유가 있다면 삶에 대한 만족은 필요 이상으로 돈이 많은 사람과 비교했을 때 별로 차이가 없다는 연구 결과가 있다.

월급을 받으며 일하면 희망하는 급여가 생긴다. 한 달의 수입이 어느 정도가 되었으면 좋겠다는 바람이다. 실제로 A라는 사람에게 그가 희망하는 급여의 두 배를 주었다. 그러자 행복지수가 쭉쭉 올라갔다고 한다. 그다음 달 급여일에도 행복지수는 상승했다. 그런데 몇 개월이 지나자 더 이상 올라가지 않았다. 그래서 그보다 더 많은 액수의 급여를 제공하자 다시 행복지수는 상승하였고 몇 달 후 더 올라가지 않았다.

다른 사람을 대상으로 조사해도 결과가 같다고 한다. 처음에는 희망한 액수를 받아 만족스러울지 몰라도, 인간이 다시 현실에 적응하기 때문에 더 많은 월급을 받지 않으면 만족감이 옅어진다. 다시 말해 돈에 의해서는 행복지수가 길게 반응하지 않는다는 것이다.

물질로는 우리의 마음을 다 채울 수 없다. 그렇다면 '잘 산다.'는 '내가 지금 원하는 일을 현실로 이루어 지금보다 나은 삶을 산다.'이다. 뭐 물론 그 넓은 테두리 안에 원하는 물건과 금전도 포함된다. 선택은 본인에게 있다.

그런데 잘 살기 위해서는 지금 조금이나마 계획하고 행동해야 이루어질 가능성이 있다. 쉽게 생각하면 좋은 성적을 얻기 위해 시험공부를 하고, 취업을 위해 지금 스펙을 쌓는다. 재미있는 건 자신이 얼마나 중요한지 생각하는 정도에 따라 그만큼 노력하지 않을 수도 있다는 것이다.

원하는 대학에 들어가기 위해 십여 년의 교육을 받으면서 준비하고 들어가고 싶은 회사를 위해 하루를 분 단위로 쪼개가면서 생활한다. 그런데 평생 함께할 파트너를 만나는 일에는 불과 3개월만 공을 들이는 이도 있다. 입학과 입사가 내 인생에 지금 가장 중요하다고 생각해서 매일 많은 시간을 쏟는다면 연애와 결혼도 마찬가지다. 연애를 진정성 있게 하기보다 기분에 따라 내키는 대로 연애에 만족할 가능성은 적다. 연애도 많이 해봐야 나와 맞는 사람, 사랑하는 법, 헤어지는 방법도 익힐 수 있다. 성적과 입사를 위해 노력하는 것처럼 상대를 매번 만날 때 노력해 보면 실패할 확률은 얼마나 될까? 결혼은 사랑하는 사람과 함께하는 긴 마라톤과 같다. 인생을 다시 엎기 어려우니 더 큰 노력이 필요하다. 그렇다면 오늘부터 공들여본다면 변화가 생길 것이다.

직장에서 매일 동고동락하는 사람과 갈등의 골이 점점 깊어져 가는데 도무지 해결 방법을 모르겠고 얼굴만 봐도 짜증이 날 때, 우리는 그런 문제가 없는 사람을 부러워하고 직장에 매이지 않는 사람을 잘 사는 것으로 본다. 지금 나를 둘러싼 환경을 떠나고 싶을 것이다. 지긋지긋하다고 생각할 수 있다. 그런데 최악이라고 생각하는 직장이 없다면 취미 삼아 배우는 제빵에 수강비를 내기 꺼려질 것이다. 지난주 친구를 만나 모처럼 신나서 썼던 카드 값과 다음 달 적금을 걱정하게된다. 무엇이 더 중요한지 생각해 보면 내가 내뱉는 가시 돋친 말투도 좀 뭉툭해질 수 있다. 잘 살기 위해서는 나의 노력과 희생도 꼭 필요하다.

고등학생 때는 스무 살의 내 모습은 어떨지, 서른 살의 모습은 어떨지 상상한다. 입시로 찌들어 매일 답답하지만, 대학생이 되어 미팅도하고 멋진 모습으로 나를 기다리는 이성 친구도 상상해 본다. 졸업 후에는 나름 자기 철학이 있고 능력 있는 전문직 종사자가 되어 차려입고 바쁘게 통화하며 사무실로 들어가는 상상도 한다. 꿈꾸던 이상형인 배우자와 함께하는 안정된 시간도 그려본다. 입에 넣으면 금세 녹

아드는 솜사탕 같은 달콤한 꿈과 깨가 쏟아지는 시간을 그린다. 하지만 현실은 그렇지 않은 경우가 훨씬 많다.

당신이 생각하는 잘 산다는 기준은 무엇인가? 기준이 나의 발전이나 성장이 아니라 늘 남의 기준과 타인의 시선이라면 아무래도 맞추기 버거울 것이다. 기준은 내가 세워야 한다. 마음이 힘들고 우울하다면 어떻게 살고 싶은지부터 다시 생각해 보자. 왜 내가 힘든지, 내가 생각하는 잘 산다는 의미는 과연 나를 살게 하는 동력인지를 말이다.

'잘 사는가?'라는 물음에 정해진 답은 없다. 이별로 인해 무척 힘들었는데 이젠 그때보다는 힘들지 않으면 지금 잘 살아내고 있다. 나라는 존재가 무기력하고 쓸모없는 것 같았는데 친구가 나의 위로를 받고 살아갈 힘을 얻었다면 그것도 잘 살고 있다는 의미다. 이제 질문에 대답해 보자. 나는 지금 잘 살고 있는가?

행복을 위해
꼭 챙겨야 하는 자존감

모든 것을 버려도 나를 버릴 수 없다는 그 자신에 대한 자존감,
물질은 포기해도 나는 포기할 수 없다는 마음이다.
- 피천득

'행복을 목표로 삼는다면 당신은 그것을 놓칠 가능성이 그만큼 커지는 겁니다. 진정한 행복은 먼 훗날 달성해야 할 목표가 아니라 지금 이 순간 존재하는 겁니다. 대부분 사람이 행복을 목표로 삼으면서 지금 이 순간 행복해야 한다는 사실을 잊고 살아갑니다.'

위의 글은 내가 취업 준비로 고단한 나날을 보낼 때 큰 위안이 되었던 프랑수아 를로르François Lelord의 《꾸뻬 씨의 행복 여행》의 일부분이다. 지금도 늘 마음에 두는 내용이라 방송에서도 이 책을 들고 가 직접 낭독할 정도다. 미래의 행복을 위해 하는 노력도 중요하지만 '지금 순간 행복이 제일 중요하다.'는 사실을 잊기 쉽기 때문이다. 우리는 가끔 내가 지금 만족스럽지 않고 기쁘지 않은 이유를 다른 사람에게

서 찾으려 할 때가 있다.

학교에서 강의하는데 나와 학생의 나이 차이가 비교적 덜 나다 보니 쉬는 시간에 사적인 얘기도 많이 하는 편이다. 하루는 어떤 학생이 남자친구를 자랑하면서 사진을 보여 주었다. 나는 연애도 때가 있으니 많이 해보라고 한다. 그 학생에게 "남자친구의 어떤 점이 그렇게 좋아?" 하고 물어보니 자상하다는 재미있다는 등등 이유야 많다. 그런데 얼마 못 가 그 친구와 헤어졌다. 수업 시간 내내 엎드려 있길래 걱정돼서 물어보니 얼굴이 눈물로 범벅이 되어 있었다.

젊은 날 사랑은 꽃밭 속, 바람에 흩날리는 꽃잎과 같아서 찬란하게 반짝이다 날아가면 그 자리에는 또 다른 꽃이 피는 법이다. 그 아이도 몇 달 지나 새로운 남자친구가 생겨서 다시 생글생글 웃는 얼굴로 잘 지냈다. 이번에도 내가 물었다. 이 친구의 어떤 부분이 그렇게 좋은지 말이다. 대답은 같았다. 자기를 잘 챙겨주고 같이 있으면 재미있다고 했다.

내가 보기에는 자신이 좋아하는 상대의 어떤 부분은 정해져 있다. 이성을 볼 때 꽂히는 부분 말이다. 그 부분을 자신이 좋아하는 것이다. 그러다 보면 내가 지금 행복한 이유는 그 사람이 곁에 있어서이다. 혹은 그 사람이 나쁜 놈이고 그놈이 날 떠난 탓에 난 불행하다고 생각하기 쉽다. 그러므로 다른 사람의 관심을 얻는 데 힘쓰기보다 자신이 좋아하는 일을 찾아 하는 것이 더 현명하다. 그러면 지금 내가 행복할 방법을 알게 된다.

다시 태어난다면 지금처럼 살고 싶은가? 지금의 내 위치, 전공, 직업, 생활환경 등등에 만족하는가? 강의하면서 이렇게 질문하면 대부분 아니라고 한다. 내가 하는 일이 이렇게 힘들 줄 알았으면 절대 안 하는 건데, 이 인간이 이런 사람인 줄 알았으면 절대 안 만나는 거였는데….

사람은 잘 변하지 않는다고 한다. 물론 심한 충격이나 큰 사건을 겪으면 변하지만, 그런 사람은 드물고 일시적으로 변했다가 다시 원래대로 돌아온다고 한다. 그러니 다시 태어나면 이렇게는 안 살 거고 당신 같은 사람은 안 만나겠다고 생각하지 말고 다시 태어나도 나는 똑같이 살 테니 지금 당장 다른 태도로 살아보는 건 어떨까?

나의 평안을 위해서는 과거를 후회하고 아쉬움을 곱씹지 않는 게 좋다. 지금을 긍정적으로 보며 유연하게 살아갈 힘인 자존감을 챙기자. 별로라도 조금이라도 재미를 찾아보고 그래도 나은 점을 살펴보는 거다. 예를 들어 비행 중 마음껏 고객들에게 음료를 서비스하면서 엄청 목말랐을 때 시원하게 마시고 만족하는 승객의 모습을 본다거나, 월급날에 자동으로 빠지게 해둔 적금이 벌써 꽤 쌓였다거나, 힘들게 저녁을 차렸지만 맛있게 먹고 어느새 들어가 새근새근 잠든 아이의 모습을 본다.

이 순간 욕구가 채워진 느낌을 얻을 방법이 있다. 힘들었던 과거를 떠올려 본다. 어떤 노래나 장소는 다시 나를 추억 속으로 데려다준다. 이제는 제목마저 희미해진 노래가 어딘가에서 흘러나오면 하던 일을 멈추고 잠시 눈을 감은 채 그때로 되돌아가 본다. 그 시간을 공유했던 사람도 같이 따라 나온다.

결혼한 해에 남편이 조그만 사업을 하게 되면서 우리에게 걱정이 많았다. 생각대로 풀리지 않을 때면 우리는 밤에 차를 타고 북악산에 올라갔다. 끝없이 펼쳐진 야경을 보며 다시 마음을 다잡고 함께 힘을 내보자고 터지려는 눈물을 애써 누르면서 서로를 위로했다. '나는 가장 아름다운 사랑을 했으니 이 얼마나 행운인가, 그 힘으로 버티며 지금을 살아가 보자.'고 생각했다.

눈이 녹아서 비가 되는 날, 그렇게 얼어붙은 겨울이 가고 봄이 오는 날, 젖은 흙냄새가 새로운 시작을 축하하는 날이 올 거로 생각했다. 시간이 지나 그 사이에 조금 더 넓은 집으로 이사도 가고 아이가 크면서 그곳을 다시 오르는 일은 없어졌지만, 우연히 그 근처를 지나갈 때면 옛날 생각이 나서 일부러 시간을 내서라도 올라가 본다. 그래도 이만하면 봄이 왔다면서 두 손을 맞잡던 그때를 회상한다.

만일 마음먹고 지금 내 삶 속에서 재미와 감사를 생각하기로 했다면, 무언가를 위해 부단히 노력하고 힘들었던 옛날 그때를 떠올려보라. 지금은 그보다 잘 산다고 느낀다면 앞으로 5년, 10년 후에는 지금 그 생각이 부채꼴처럼 퍼져 큰 변화가 생기게 된다. 분명 삶이 감사와 기쁨으로 충만할 것이다. 그리고 어쩌면 자신보다 다른 사람이 먼저 변화를 알아채고 물어볼 수도 있다. 얼굴이 참 좋아 보이는데 그 이유가 뭐냐고 물으면 이렇게 답한다.

"매일매일 행복하겠다고 생각하고 실천해요."

나는 가스라이팅
당하지 않는다

행복은 스스로 잡는 것이다.
– 벤저민 프랭클린(Benjamin Franklin)

관계는 나를 발전시켜주기도, 망가트리기도 한다. 태어나면서부터 죽을 때까지 인간관계를 맺는데, 이걸로 좋은 일도 많고 슬픈 일도 많고 헤아릴 수 없는 많은 일이 생긴다.

요즘 '가스라이팅'이라는 말을 심심치 않게 접하는데, 이는 상대방의 심리를 조작하고 자신을 프레임에 가두어 상대방을 지배하려는 짓이다. 그리고 한 인간으로서 다른 인간을 지배하려 하는 과정이 치사하고 비열하다. 가스라이팅을 하는 사람은 자아도취적 성향이 강하다. 상대방의 기쁨과 슬픔에 공감하지 않으며 자신의 판단이 옳은 것이라 착각하고 그렇게 믿는다.

가스라이팅을 당하는 사람이 자기 회의를 먼저 느끼고 나중에는 자기혐오까지 하기 때문에 어떤 사람과 있을 때 늘 내가 한심하고 바보같이 여겨진다면 상대방과의 관계에서 가스라이팅을 당하고 있지는 않은지 판단해 보아야 한다. 가스라이팅은 한 인간이 다른 인간에게 무서움을 느끼고 복종하며 자존감을 갉아 먹히는 과정이다. 가스라이팅은 뉴스에서 나오듯이 한 사람의 불행한 끝으로 드러나는 것만이 아니다.

나를 향한 비난과 욕설 역시 나를 가스라이팅 하는 작은 시작이 될 수 있다. "네가 뭐 잘났다고 그런 행동을 해. 그냥 가만히 있어. 어이가 없네? 그럼 그렇지, 내가 너 그럴 줄 알았다. 솔직히 너는 자격 미달이야. 나니까 너 만나 주지, 누가 널 만나겠어? 그러니까 잘하라고."

자존감이 낮으면 이러한 말에 설득되고 매일 이 말이 떠오른다. 그리고 스스로 반복해서 생각하고 심지어 그 목소리가 들리는 것도 같다. 생각해 보니 진짜 그런 것 같기도 하다고 믿는다. 우리 뇌는 자극을 받는 데에 익숙해지기 때문에 자꾸 내가 욕먹은 걸 생각하면 어찌 보면 그럴 만도 하다고 생각한다. 설마 그럴까 싶겠지만 나는 실제 들리는 경험을 했다. 귀에서 그 목소리가 윙윙 맴도는데, 곧 세뇌 단계로 접어든다. 더구나 좋은 얘기와 칭찬의 말이 아니라 부정적인 말과 비난을 자꾸 떠올리면 원래 그런 사람이 아닌데 그런 사람이라고 규정지을 수 있다.

어느 프로그램에서 자신의 얘기를 알린 여성이 있다. 연인에게 남자인 친구와 밥 먹는 것을 허락받아야 하고 어디서 무엇을 먹는지, 식사 후 지금은 어디로 이동하는지 모두 실시간으로 알려준다고 했다. 답답하고 안타깝다. 이 일에 대해 한번 생각해 보자. 왜 본인이 연인에게 허락받아야 하는지, 본인의 결정에 관한 믿음이 그렇게나 없는지, 본인이 얼마나 잘해왔고 떳떳한 사람인지 등을 생각해 보면 좋겠다. 본인을 어떤 사람으로 여기는가. 자존감이 높으면 자신을 사랑하고 긍정적으로 바라보기 때문에 만족하며 타인의 지적에 쉽게 휩쓸리지 않는다.

상대방의 행동이나 말을 상기시키지 말고 내 느낌에 초점을 맞춰야 한다. '그나마 너 받아주는 사람 나밖에 없어.'라는 말을 들었을 때 나를 만나줄 수 있는 사람이 그 사람뿐인지 생각해 보는 게 아니라, 그 말을 들었을 때 내 기분을 생각해 보면 된다. 그때 불쾌하다면 그 말을 인정하는 것이 아니라 내 안에서 그 말을 거부하고 있다고 여기자.

가스라이팅은 교묘하게 천천히 내 의지가 없어지도록 하므로 빈번하게 나를 기분 나쁘게 하는 상황을 만드는 사람을 만난다면 그 관계를 유지할 것인지, 끝내야 할 것인지 스스로 판단해서 결정해야 한다. 이 세상에 나를 사랑해 줄 이가 과연 그 사람뿐일지를 말이다.

'내가 하지 않은 일이나 말을 그 사람은 내가 했다고 해, 나의 의견이나 생각을 말하면 내가 지나치게 예민하다고 해, 주변 사람에게 내 생각이나 행동이 잘못되었다고 안 좋게 말하거나 어떤 일이 일어나면 그

책임은 나에게 있다고 해, 늘 자기 말이 옳다고 주장하고 나의 의견은 전혀 받아주지 않아.' 이런 생각이 든다면 관계를 점검해 보기 바란다.

상대방과의 관계에서 문제가 생기면 늘 내가 사과하고 싶은 충동이 들거나 내가 스스로 잘할 수 있는 것은 별로 없는 것 같고 일이 잘못되면 다 내 탓인 것 같다면, 내가 예민하다 싶고 자주 불안하고 걱정된다면 지금 가스라이팅을 당하고 있는 것은 아닌지 생각해 봐야 한다.

가스라이팅은 앞서 말했듯, 교묘하게 지속해서 심리를 파고드는 아주 교활한 방법이기 때문에 당하는 쪽은 인지하기 힘들다. 그래서 더 더욱 이런 상황에 부닥치기 전에 자존감을 높여 놓아야 한다. 자존감이 높으면, 내가 나를 최고로 사랑하는 데 누가 감히 나를 조종할 수 있을까. 이것이 바로 내가 나를 제대로 사랑해야 하는 또 하나의 이유이다.

만일 마음먹고 지금 내 삶 속에서 재미와 감사를 생각
하기로 했다면, 무언가를 위해 부단히 노력하고 힘들
었던 옛날 그때를 떠올려보고 지금은 그보다 잘 산다
고 느낀다면 앞으로 5년, 10년 후에는 지금 그 생각이
부채꼴처럼 퍼져 큰 변화가 생기게 된다. 분명 삶이 감
사와 기쁨으로 충만할 것이다. 그리고 어쩌면 자신보
다 다른 사람이 먼저 변화를 알아채고 물어볼 수도 있
다. 얼굴이 참 좋아 보이는데 그 이유가 뭐냐고 물으면
이렇게 답하자.

"매일매일 행복하겠다고 생각하고 실천해요."

SELF-ESTEEM

나의
자존감 살펴보기

자존감이란
무엇일까?

인생에서 가장 후회되는 일 중 하나는 자신이 아닌 다른 사람들이 원하는 사람이 되는 것이다.
– 섀넌 L. 알더(Shannon L. Alder)

그럼 자존감은 무엇으로 이루어져 있을까? 바로 통제성과 관계성, 긍정성이라는 세 가지로 구성되어 있다.

먼저 통제성은 스스로 감정을 잘 다스릴 수 있는 능력을 말한다. 같은 주제로 나와 다른 의견을 말하는 상대방의 말을 끊거나 바로 반박하며 화내지 않고 일단 참고 들어주는 사람은 통제성이 뛰어나다고 볼 수 있다. 그러나 참지 못하고 "내 말은!" "아니 내 얘기는!" 하며 상대방이 말을 채 끝내기도 전에 나의 의견을 다시 말하면서 설득하려 하거나 심지어 지금의 상황과 상관없는 지난번 언젠가 서운했던 일까지 꺼낸다면 통제성이 낮다고 볼 수 있다. 다시 말해 자신의 감정을 그때그때 잘 다스리지 못한다는 것이다. 자신의 감정을 잘 다스릴 수 있는 사람은 쉽게 화내지 않는다.

또한 필요한 물건을 사기 위해서 계획적으로 소비하는 사람은 통제성이 높다고 볼 수 있지만, 필요하지 않은 물건을 핫딜이라서 구매하거나 즉흥적으로 업무를 처리하면 통제성이 낮다고 할 수 있다. 자신의 감정을 유연하게 수용하지 못하고 있는 그대로 표출하거나 자신의 감정에 쉽게 영향을 받아 지금 해야 하는 일을 처리할 수 없는 상태도 통제성이 낮다.

일을 하다 보면 사람과의 관계가 어렵고 일의 결과가 좋지 않을 수 있다. 나의 의견에 반박하는 사람이 있다면 상대방의 얘기를 듣기보다는 나의 의견이 맞음을 계속 주장하고, 감정에 치우쳐 일에 몰두할 수 없기 때문이다. 그렇게 되면 사람 관계와 일이 내 바람과 달리 되어 좌절과 실패라고 생각하게 된다. 결국 자존감이 낮아질 수 있다.

두 번째 요인은 관계성이다. 이는 대인관계나 소통과 같은 맥락이다. 상대방의 생각을 이해하고 상대방이 느끼는 감정을 공유하는 사람은 관계성이 뛰어나다. 관계성이 좋은 사람은 성별, 세대 간의 차이를 뛰어넘어 잘 소통한다. 반대로 대화가 더 이어지지 않거나 상황 판단을 제대로 못 해서 상대방의 생각을 이해할 수 없다면 관계성이 낮다고 볼 수 있다. 관계성은 사람과의 사이에서 이루어지고 형성된다. 따라서 사람 간에 일어나는 일을 받아들이고 타인과 상호 교류하는 과정에서 완성된다. 이러한 사회성으로 관계성이 향상되기도 하고 단절되면 낮아질 수도 있다.

　관계성이 높은 사람은 흔히 분위기 메이커, 고민 상담사라고 불린다. 이러한 사람은 상황을 빠르게 파악해서 즐겁게 유도하거나 상대방의 일이 마치 자기 일인 것처럼 느낀다. 이들은 민감하기도 해서 누군가 억울하다고 하면 왜 억울한지 잘 이해할 수 있고, 화를 내면 왜 화가 났는지 금방 알아차린다. 그러니 주변에 사람이 많을 수밖에 없다.

　세대 간 소통이 어렵다고 한다. 이는 '코호트 효과Cohort Effect'를 적용해 해결할 수 있다. 이는 특정한 경험을 한 비슷한 연령대의 사람이 다른 연령대의 사람과 뚜렷하게 구분되는 양상을 의미한다. 해당 연령대에 있는 사람은 같은 교육을 받고 비슷한 행동 양식을 공유한다. 1960년대에 2, 30대였던 사람은 민주화 항쟁을 경험했고 1990년대와 2000년 초 20대는 IMF로 인해 가족 독립이 어려웠다. 그리고 지금의 2, 30대는 다른 환경에서 교육받고 생활한다. 요즘 세대는 배고파 본 적이 없어서 이렇게 낭비하고 미래를 준비하지 않는다며 잘못됐다는 상사가 있다. 그런가 하면 급여를 많이 받으며 회사에 충성하고 개인 시간 없이 희생하기보다 워라밸을 하려는 상사가 있다. 이들 중 누가 친한 후배가 더 많을까?

　마지막은 긍정성이다. 낙관성과 같다고 생각할 수도 있지만 둘은 차이가 있다. 예를 들어 '지금은 힘들지만 이를 잘 극복할 수 있다.'고 생각한다면 이는 긍정성이다. 그러나 막연하게 세상은 아름답고, 내 주변에 늘 좋은 사람들만 있으니 인생에 복을 많이 받았다고 생각한다면 이는 낙관성이다. 긍정성이 높은 사람은 현실을 직시하면서 어려운 상황을 해결할 수 있으리라 예상하고 실현할 수 있는 방안을 세우고 실천한다. 긍정성이 높으면 예상치 못한 상황에 직면했을 때 포기하고 무기력함을 느끼기보다는 해결 방법을 찾는다. 성공한 사람은 '세상은 원래 문제와 어려움의 연속이고 내 뜻대로 되는 것은 원래 별로 없다.'고 여긴다.

현실을 마주하는 데에는 두 가지 태도가 있다. 바로 고통스러운 일이 일어났을 때 내가 바꿀 수 없어도 그 안에서 살아내는 방법을 찾는 것과 좌절하고 마는 것이다. 긍정적인 사람은 현실에 일어난 예상치 못한 일을 받아들인다. 반대라면 왜 하필 나에게 이런 일이 일어났는지 현실을 부정하고 탓한다. 위기를 이겨내고 해결해나갈 수 있는 쪽은 어디일까?

이젠 기억이 희미해졌지만 17년 전 내가 근무했던 회사의 최종 입사 면접에서 받았던 질문이 있다. "5분 안에 라면을 맛있게 끓이는 방법이 있다면 설명해 주세요." 앗! 이 질문은 나의 예상 면접 질문에 없었다. 당시 다섯 명의 지원자가 서 있었는데 나는 두 번째인가 세 번째였었다. 옆 지원자가 머뭇머뭇하는 동안 말도 안 되는 이 질문을 어떻게 대답해야 할지 빠르게 생각해 보았다. 내 차례가 되었다. "끓는 물에 라면과 스프를 넣고 4분 30초 만에 제가 끓이는 라면이 가장 맛있습니다." 어찌 보면 당연한 말이고 논리적이지도 않다. 그러나 그 면접실에서 합격한 사람은 단 한 명이었다. 정확한 의도를 알 수 없는 질문이었지만, 면접관이 '내 라면이 가장 맛있다.'는 자신감에 점수를 주셨는지도 모르겠다. 그 질문에 답했기 때문에 합격했다고 단정지어 말할 수는 없겠지만, 결국 이렇듯 답을 찾고자 하는 노력이 문제 해결의 시작일 수 있다.

나의 자존감
팩트 체크

◖
⌄
●

여전히 부족하지만 나는 나의 열정을 쓰다듬어 준다.
– 노희경

    지금부터는 앞서 제시했던 자존감 점수에 대해 좀 더 살펴보겠다. 혹시라도 아직 점검해 보지 않았다면 돌아가서 한 번 찬찬히 자신을 들여다본다. 참고로 현재 나의 자존감 점수는 지금 직면한 상황이나 겪고 있는 일 때문이다. 따라서 지금과 다른 상황에서 측정할 경우 점수는 상이할 수 있다. 깊은 좌절로 힘들 때 측정하면 지금보다 낮게 나올 수 있다. 또한 자존감 회복 훈련을 꾸준히 한 후 측정한 결과 높은 점수가 나오는 것도 이와 같은 맥락이다.

    자신의 감정을 다스리기가 어렵다고 얘기하는 사람이 많은데, 결국 스스로 잘 진단해서 해결 방법을 체득해야 한다. 통제성이 70점 이상으로 나오면 좋은 편이다. 상황에 따라 기분을 잘 조절하고 유연하게 대처할 수 있는 사람이다. 64점부터 69점은 크게 염려하지 않아도 된다. 56점부터 63점은 지금 상황이나 기분에 따라 조금 다르게 측정될 수 있으므로 조금만 노력하면 향상할 수 있다. 그러나 55점 이하면 쉽게 넘어가지 말고 통제성을 키우기 위한 노력을 해보길 바란다. 또한 돌이켜 보면 감정을 잘 조절하지 못하는 이유는 과거의 경험 때문일 수도 있다. 이는 사람마다 다르므로 자신은 어떠한지 조심스럽게 살펴본다.

사회에 잘 적응하고 조화롭게 사람과 어울리기 좋아하면 관계성의 평균 점수가 다른 구성 요인보다 좀 높다. 나의 점수가 74점 이상이라면 자신에게 손뼉을 쳐주자! 다른 사람과 잘 지내고 있다. 63점부터 73점은 별로 걱정하지 않아도 된다. 관심이 있다면 점수를 높여보는 것도 좋다. 62점 이하에 해당하는 사람이라면 사회생활을 하면서 사람들 간의 문제가 내 의지대로 되지 않거나 인간관계가 가장 어려울 수 있다. 이번 기회에 인간관계를 원만하게 할 수 있도록 해본다. 이역시 어렸을 때 사람과의 관계에서 상처받거나 힘들었던 적은 없는지 살펴보자. 그 부분이 원인이 되었을 수도 있다.

나의 긍정성 점수가 70점 이상이라면 주위에도 선한 영향력을 끼칠 수 있는 좋은 사람이다. 지금을 감사히 여기고 만족하는 사람은 밝은 분위기로 좋은 얘기를 하므로 다른 이들을 기분 좋게 해준다. 57점부터 69점이 나왔다면 양호하지만 조금 더 높여도 좋다. 56점 이하가 나왔다면 자신 있게 살아갈 힘이 부족하거나 현실에 만족하고 있지 못할 것이다. 이는 실패 경험이 반복되었거나 계획한 대로 이루어지지 않은 일 때문일 수도 있다. 생각의 전환이 필수 요소인 긍정성을 향상하기 위해 쉬운 방법으로 오늘부터 실천해본다.

세 가지 요소를 모두 더한 합이 170점 이하가 나왔다면 각 요인 중 가장 높은 항목의 점수를 올리는 노력을 하기가 가장 낮은 요인을 개선하기보다 쉽다. 점수가 가장 높은 요인은 다른 것에 비해 자신이 더 잘할 수 있는 부분이라서 해결 방안을 쉽게 적용하여 올릴 수 있기 때문이다.

생각보다 점수가 낮게 나왔다고 해서 실망하거나 낙담할 필요는 전혀 없다. 많은 강의를 통해 진단했던 다수의 사람이 자신의 예상보다 점수가 낮았고, 실제 매우 높은 경우는 드물었다. 오늘부터 해보겠다는 결심, 실천 그리고 노력만 있으면 충분히 향상할 수 있다. 변화는 시도하는 순간부터 시작된다. 파이팅!

자존감을 위한 세 가지 요소, 키워보자, 통제성

감정에 충실하게 행동하면 모든 것이 광기로 흐르기 쉽다.
- 발타자르 그라시안(Baltasar Gracian)

출근 준비를 하다가 갑자기 얼굴 한쪽에 마비가 왔다. 굳어버린 얼굴에 놀라 한의원에 방문하니 극심한 스트레스 때문이라고 했다. 침을 맞고 치료했지만 일시적이었다. 그리고 입술 경련 등 증세가 지속되었다. 신경외과 검사를 추천받아 진료를 예약했고 의사 선생님은 현재 하는 일이나 힘든 점 등을 간단히 물어보셨다. 이후 뇌파 검사를 위해 한쪽 방으로 안내받아 침대에 누워 머리에 많은 센서를 부착하고 나서 불을 끈 채 그냥 누워있으라고 했다. 나도 모르게 잠이 들었다.

얼마나 지났을까, 간호사 선생님이 나를 깨웠고 의사 선생님을 만나 결과를 보았는데 먼저 묻는 말씀이 "도대체 어떻게 일하길래 이렇게 힘드세요? 보세요. 정상 범위는 초록색이지요? 환자분은 이 앞부

분이 대부분 빨간색이에요. 이곳이 높다는 것은 스트레스 지수가 엄청 높다는 겁니다. 그리고 수치는 최고예요. 곧 터질 듯해요. 왜 이렇게까지 하나요?"였다.

하는 일을 좀 줄이고 쉬면서 여유를 좀 가지라는 얘기를 듣고 나가면서 나는 물었다. "원장님, 기다리다가 봤는데 병원에 그림이 많아요. 저는 원래 르누아르Auguste Renoir를 좋아하는데 거의 이 화가의 작품이네요. 이유가 있을까요?" 원장님은 "아이고, 그걸 어떻게 아셨어요? 그림 좋아하시나 봐요. 환자분이 잠시나마 그림을 보면서 마음이 평안해지길 바라서요."라고 말씀하셨다.

르누아르의 그림은 따뜻하고 밝지만 그의 삶은 고되었다. 가장 친한 친구는 사고로 목숨을 잃었고, 아들 중 두 명도 전쟁에서 다쳤으며 몸이 병들어 그림을 그리기 힘들었다. 그러나 르누아르는 희망을 그린 화가였다. 일상이 버거운 상황에서도 주변 사람의 잠시 편안한 모습과 따뜻한 삶을 담는 데 주력했다. 이런 노력으로 모두에게 따뜻함을 주는 작품이 완성되었다.

원장님은 지금 당장 무언가를 했을 때 내가 마음이 좀 편안해지는지, 무엇을 하는 것을 좋아하는지 떠올려 보라고 하셨다. 바쁘고 힘들어도 계속 그렇진 않을 테니 잠깐씩 내가 좋아하는 것을 일깨워 주면 긍정 상태에 머물러 스트레스가 줄어든다고 조언하셨다.

너무 바쁠 때 잠시 같은 곳에 커피를 두고 일부러 5분이라도 시간을 내서 혼자 커피를 마셨다. 답답하고 어지러운 마음이 그 시간 동안 가라앉았다. 그리고 나서 다시 일했다. 지금은 아침에 일어나 커피를 내려서 출근길에 가지고 나간다. 그리고 하루에 적어도 다섯 번 정도는 몇 분 만이라도 혼자 커피를 조금 마신다. 그러면 감정이 가라앉는다. 이렇게 잠깐 내가 좋아하는 무언가를 해본다.

1주일에 한 번, 최소 2주에 한 번은 할 수 있는 취미를 만드는 것도 좋다. 나는 작은 텃밭을 가꾸기로 했다. 1년 동안 적은 금액으로 신청해서 사용할 수 있고 한 평 정도 되는 곳이다. 매주 토요일이면 그곳에서 길게는 2~3시간 정도를 보낸다. 햇볕과 물만 있어도 건강하고 예쁘게 자라는 식물을 보고 일상에서의 어려운 일과 갈등에서 잠시 멀어진다.

또한 감정을 조절하기 위해서는 시점과 관점을 달리하는 연습이 필요하다. 상사나 친구와 갈등이 있을 때, 어려운 일이 발생했을 때 당장 해결하지 않아도 되는 일이라면 잠시 그곳에서 나온다. 토마토가 빨갛게 익고 블루베리가 파랗게 익어가는 모습을 보며 물을 주면 어제 그 일이 오늘은 그렇게 화가 나지 않고 상대방만의 잘못이 아닐 수도 있다는 생각이 든다. 그리고 잘잘못을 따지기보다는 어서 문제를 해결하는 편이 현명하다고 생각하게 된다.

마지막으로 나의 느낌을 그대로 받아들여본다. 우리는 자신의 감정을 억제하고 참으려 한다. 억울하거나 기분이 나쁠 때 그 감정에서 벗어나기 위해 잊으려 한다. 이는 일종의 방어기제이다. 그러나 그 감정은 내 의도와 달리 사라지지 않고 마음속에 남아있다. 더불어 비슷한 다른 일이나 부정적인 감정을 느낄 때 묻어서 나온다.

누군가에게 서운한 적이 있는데 이를 해소하지 않고 덮어두었다. 얼마 후 그 사람에게 다른 기분 나쁜 일을 경험했다. 그러면 저번 그 감정까지 같이 튀어나온다. 나쁜 감정은 좋은 감정보다 유효기간이 길다. 우리가 좋은 일은 잘 잊고 싫었던 기억이 더 많은 이유다.

그때그때 감정을 풀어주고 인정해야 한다. 이때에는 화가 나는 것이 상대의 잘못에 의한 것이 아니라 내가 느끼고 있는 감정이라고 생각하는 태도가 필요하다. 그렇지만 화가 나 죽겠는데 바로 이렇게 이성적으로 생각하기는 불가능하다. 따라서 위와 같이 나를 그 상황에서 잠시 나오게 해주는 방법을 정해두고 1달에 두세 번은 쉽게 할 수 있는 취미를 통해 감정을 그대로 받아들일 수 있도록 연습한다.

정리해 보면, 통제성을 높이기 위해서는 무조건 참거나 감정을 억누르지 말고 감정이 끓어오를 때 잠시 쉰다. 짧더라도 잠깐 몇 번 내가 좋아하는 것을 한다. 그리고 그 상황을 객관적으로 보려고 노력한다. 이후에는 느끼는 감정을 부정하지 말고 있는 그대로 느껴본다. 통제성이 높으면 목표를 달성하기가 쉽다. 부정적인 상황에서 감정에 휩쓸리기보다는 빠르게 해결할 방안이나 대안을 모색하기 때문이다. 이처럼 지금 경험하고 있는 상황 속에 머물지 않고 분리하는 방법을 통해 그 일을 객관적으로 인지할 수 있다. 이는 주관적 감정을 누그러 트릴 수 있기 때문에 나에게 닥친 어려움이나 갈등을 기분에 휘둘리 지 않고 한발짝 물러나 새로운 관점에서 볼 수 있게 한다.

이러한 훈련은 결과적으로 감정적 문제로 인해 상황이 악화하는 것 을 예방하고, 보다 빠르게 해결할 수 있게 해준다. 그래서 통제성이 중요하다.

자존감을 위한 세 가지 요소,
높여보자, 관계성

행복해지려면 미움받을 용기도 있어야 한다. 그 용기가 생겼을 때 인간관계는 달라진다.
– 알프레트 아들러(Alfred Adler)

호감형 사람이 되는 법, 좀 더 따뜻해 보이는 모습을 만드는 방법이 있다. 흔히 '이미지 메이킹'을 한다고 표현한다. 그런데 관계에서 외적인 이미지 메이킹의 유효기간은 짧다. 상대방에게 처음 각인되는 좋은 이미지가 깊어진 관계에서도 지속되기 위해서는 내면의 이미지 메이킹을 해야 한다. 이는 관계성 향상을 위해 중요하다.

소개팅 자리에서 잘 보이기 위해 외모에 신경을 쓰고 마음에 드는 사람이 나왔다면 그 사람에게 나에 대한 좋은 감정을 심어주기 위해 말투와 행동에 더욱 신경 쓴다. 그러나 상대방의 생각과 가치관을 전적으로 이해하고 심지어 내가 잘 보이고 싶지 않은 사람에게도 좋은 태도를 유지하기 위해 정작 내면의 이미지 메이킹을 소홀히 하고 있지는 않은지 살펴봐야 한다. 마음에 드는 이성의 어느 한 부분이 내가 싫어하는 것이라면 그것이 잘못된 행동이라고 이미 답을 정해놓고 상대방을 바라 보기 쉽다.

늘 예의 바름과 매너, 에티켓이 중요하다고 배우며 자란 여자가 있다고 가정해 보자. 소개팅에서 만난 남자가 마음에 들어 몇 번 함께 시간을 보냈다. 그런데 어느 날 식사를 하는 데 그가 젓가락질을 특이하게 하고 음식을 소리 내며 먹었다. 여자는 남자의 이러한 행동이 싫어 이 모습이 데이트할 때마다 거슬린다면 관계가 지속되기는 어렵다. 상대방을 바라보는 눈빛이 결국 차가워지기 때문이다. 상대방도 그 시선을 느낀다. 그녀가 밥 먹을 때면 이상하게 말도 없고 그가 먹는 걸 무표정하게 처다보는 것을 알게 된다. 그런데 만약 남자에게 이런 사정이 있었다면? 그는 학업과 일을 병행하며 살아와서 늘 시간이 부족했다. 그래서 천천히 품위 있게 먹기보다 빨리 끼니를 때웠다. 자신이 소리를 내고 먹는지도 잘 몰랐다. 이런 부분이 싫었으면 그녀가 먼저 한 번쯤 그 이유에 대해 물어볼 수도 있었을 것이다.

개인이 속한 집단으로부터 일반화된 행동을 규범화하여 그것을 일반적으로 여기는 것을 스테레오타입Stereotype이라 한다. 누군가 함께 지내거나 속한 무리에서 규정한 실례가 되는 태도를 행했을 때 다른 이는 그것을 잘못으로 판단한다. 그러나 이런 판단이 관계성을 높이기 위해서는 도움이 되지 않는다. 자신은 사람을 어떠한 기준으로 보는지 생각해 보라. 가만히 보니 고지식하거나 나만의 고정관념으로 사람을 대하는 면이 많다면 상대방이 그런 행동을 하는 데에는 어떠한 이유나 배경이 있었는지 살펴보는 여유를 가져 볼 필요가 있다.

사람을 대하는 나의 태도도 점검해 보자. 다른 사람의 부탁이나 요구에 거절하지 못하거나 불편해도 내가 들어주는 편이 거절보다 낫다면 타인 지향성이 있는지 생각해 본다. 이러면 겉으로는 사람들과의 관계가 원만하고 좋아 보이지만 정작 자신의 마음은 힘들고 지친다. 나의 태도가 바뀌면 관계가 나빠질 것 같기 때문이다. 그러나 좋은 사람 되려다 오히려 내가 상처받을 수 있다는 걸 잊어서는 안 된다.

내가 거절했을 때 보통은 상대방의 감정이 상하거나 서운할까 봐 신경 쓴다. 그러나 왜 내가 상대방의 감정까지 책임져야 하는가? 나에게 그럴 의무는 없다. 이는 상대방의 감정을 나와 동일시해서 생기기도 한다. 부탁했는데 거절당하면 나처럼 상처받을 것 같아 배려한 것이다. 하지만 오히려 상대방은 '해주면 좋고, 아니면 말고'라며 툭 던진 것일지도 모른다. 어렵게 도와주었는데 기대와 달리 상대방이 나의 수고에 고맙다는 표현이 작을 수도 있다. 그럼 그 반응에 또 서운하다. 그러나 상대방은 그 부탁이 그리 어려운 게 아니라고 생각했다면 고마움이 작을 수도 있다. 나의 노력과 상대방 감사의 무게를 동일하게 하려는 것 역시 내가 만든 공식이다.

반대로 내가 남에게 절대 조금도 손해 보기 싫은 면이 많다면 이타성이 부족할 수 있다. 이타성은 보상을 바라지 않고 타인을 위하고 도우려고 하는 태도이다. 이타성을 일으키는 직접 요인은 공감이다. 흔히 공감을 잘하는 사람이 대인관계가 좋다고 한다. 공감은 독일어 ein[aɪn](안에)과 fýhlen[fýːlən](느끼다)이 결합한 말에서 유래하여 '들어가서 느끼다.'라는 의미다. 공감은 기쁨, 즐거움, 슬픔, 분노, 고통 등과 사랑, 애틋함, 죄책감, 민망함까지 포함하여 복합적으로 나타난다.

힘든 상황에 부닥친 사람과 공감하기 위해서 함께 그 감정을 느끼며 상대방의 고통을 줄여주고자 한다. 이는 상대방과 유대를 형성하는데 중요한 정서적 심리작용이다. 내가 타인의 감정에 동조하거나 상대방의 기분을 이해할 수 없다면 나와 상대방의 공통점을 먼저 찾아보면 좋다. 성격이나 행동, 사고방식, 취미 등 공통점을 찾으면 그곳에서 느끼는 감정이 비슷하므로 이에 대해 나누면 상대방과 함께 공감하기가 쉬워진다.

대화를 잘해도 관계성을 높일 수 있다. 자신이 한 얘기가 의도와는 다르게 상대방이 받아들인 경험은 누구나 있을 것이다. 이것만 기억하면 된다. 목적을 먼저 말하지 않는 것이 좋다.

예를 들어 워킹맘은 바쁘다. 아침부터 잠들기까지 바쁘게 하루가 지나간다. 퇴근 후 저녁을 후다닥 차리고 있는데 전화가 온다. "오늘 저녁에는 뭐 먹어?"라고 물으면 힘들게 준비하고 있는데, 반찬 투정부리는 것 같아 기분이 나빠진다. 서로 그러려고 말한 건 아닌데 다르게 받아들이니 답답하고 식사 자리가 무거워질 수 있다.

대화의 시작은 함께 경험한 것으로 시작하는 게 좋다. 하루를 마치고 집밥을 기대하며 전화를 걸었을 때, 먼저 건네는 말은 "오늘 어땠어?" 또는 "오늘 별일 없었어?"가 좋다. 내가 연락을 한 것이 내 필요 때문이기도 하지만 먼저 상대방에 관한 관심으로 시작해본다. 상대방과 내가 함께 공유할 수 있는 것을 먼저 꺼내면 대화가 쉽고 분위기가 가벼워진다.

오늘이라는 하루를 우리는 다른 곳에서 각자 보냈다. 각자 있었던 그곳에 있는 주변 사람을 우리는 서로 알고 있다. 몇 마디 건너오는 얘길 들어준 후 내가 전화 건 목적을 꺼내 보자. "아, 그랬어? 좋았겠다. 나 곧 도착해. 오늘 저녁에는 뭐 먹어?"

관계에서는 상대방의 감성을 살피는 노력이 중요하다. 먼저, 다른 사람은 나와 다르게 느낀다고 생각한다. 그 사람은 어쩌면 그래야 했기 때문에 그런 이유가 있다는 사실을 기억한다. 사람과의 관계에 대한 나의 정서를 살펴본 후에는 상대방과 내가 공감할 수 있는 부분을 찾아보면 쉽게 친해질 수 있다.

마지막으로 상대방을 대하는 방식과 대화 방법도 달라져야 한다. 상대방이 듣고 싶은 말을 먼저 하고 내 얘기를 한다면 훨씬 대화를 나누기가 편하고 분위기가 좋아진다. 다른 요소와 달리 관계성은 혼자 열심히 해서 높아지기는 어렵다. 상대방에 따라 대화 방식과 관계 유지 방법이 매우 다양하기 때문이다. 친구나 상사, 직장 동료 등 각각의 성향과 취향이 다를 수 있으므로 그들의 다른 점을 반영한 태도로 적용해 보고 관계의 변화를 살펴보길 바란다.

자존감을 위한 세 가지 요소, 올려보자, 긍정성

일상의 매 순간을 즐길 것인가, 아니면 잃어버리고 난 후에 후회할 것인가?
– 제니스 캐플런(Janice Kaplan)

라제리Rajery는 마다가스카르 출신의 발리하 연주자이다. 발리하
란 양손을 광범위하게 사용해야 하는 마다가스카르 국악기이다. 줄이
많은 현악기이기 때문에 손가락이 없이 연주하기가 불가능해 보인다.
그런데 라제리는 유아기에 오른 손가락을 전부 잃었다. 이 악기에 관
심이 있던 라제리는 주변으로부터 불가능한 꿈을 꾼다는 비난과 야유
를 들었고, 그때에는 발리하 연주에 대한 정식 교육을 받을 방법이나
지원도 없었다. 그러나 포기하지 않았고, 독학으로 이 악기를 잘 다루
기 위해 음악 표기법 관련 자료를 찾으면서 공부하고 연습했다. 긍정
적인 마음가짐으로 자신이 하고 싶은 일에 전적으로 마음을 쏟고 고
난을 이겨낸 라제리는 마침내 발리하를 정복한다. 그리고 현대 발리

하 오케스트라를 처음으로 만들었다.

라제리의 연주를 보면 오른손의 왼쪽을 주로 사용하는데, 그 부분은 깊은 굳은살처럼 되어 밝은 흰색을 띤다. 그리고 이 부분이 다섯 손가락의 역할을 한다. 그가 연주하는 모습에서 눈에 띄는 것은 라제리가 분위기를 주도하기 때문에 모두 그를 보며 연주한다는 것이다. 연주할 때 라제리는 밝게 웃는다. 밝다는 표현만으로는 설명하기 부족한 표정이다.

그렇다면 우리도 라제리처럼 타인으로부터 공감을 이끌어낼 수는 없을까? 긍정적 정서를 깨우기 위해서는 다음과 같이 해보자. 먼저 나의 언어표현을 바꿔본다. 어떤 이는 중간 정도 되는 상황에 대해 "나쁘지 않아."라거나 "그 정도면 괜찮아."라고 말한다. 먼저 언급한, 나쁘지 않다는 말은 부정의 표현이 두 번 들어 있다. 이 말을 할 때 말하는 사람이 가장 먼저 이 말을 듣는다. 우리 뇌는 반복적으로 노출되는 것에 익숙해진다고 한다. 따라서 부정적인 것에 계속해서 반응할 때 나중에는 그 표현에 익숙해지고 그 표현이 부정적이라고 인지하지 못한다. 투덜이 스머프처럼, 다른 스머프는 랄랄라~ 노래하는데, 땅만 보며 중얼중얼 투덜댈 것이다. 결국 긍정성이 낮아지는 결과가 나타나기 때문에 같은 표현이라도 의식적으로 "맞네! 좋네! 딱이야!"라는 표현으로 우리의 머리와 마음이 따뜻한 말로 말랑말랑하게 되도록 해

준다. 습관적으로 내가 하는 말들을 한번 되새겨 보자. "그게 아니고, 아니 내 말은~"이라고 말하는가. 이는 어쩌면 내가 먼저 방어하기 위해 하는 말일 수도 있다. '그게 아니고'가 아니라 '있잖아'로, '아니 내 말은'이 아니라 '내 얘기는'이라고 의식적으로 바꿔본다.

두 번째, 하루에 감사할 것 한두 가지를 생각해 본다. 일기 쓰기를 추천할 때도 있지만 우리의 일상에서 밤에 일기 쓰기를 잊거나 미루기 쉽다. 하루 중 눈을 떠서 언제라도 오늘 중에 고마운 것 몇 개만 생각해 보아도 긍정성을 살릴 수 있다.

긍정적인 감정을 반복적으로 느끼며 빈도를 높인다. 매일 자주 감사한 마음을 느끼면 의식적으로 떠올리지 않아도 감정이 지속된다. 우리가 반복적으로 하는 행동에 대한 기분과 감정을 쉽게 기억하는 원리와 같다. 매일 마시는 커피, 매일 피우는 담배에 관한 느낌을 우리는 기억한다. 그 기분을 느끼려고 그 행위를 반복한다. 바로 그 원리를 적용한 방법이다. 그러면 우리는 매일 감사하고 매사 긍정할 수 있다.

마지막으로 실현할 수 있는 계획을 세워본다. 새해에는 다이어트, 금연 등 거창한 계획을 세우지만 성공한 얘기는 찾아보기 힘들다. 다음 해 또 그런 목표를 세우고 실패를 반복하며 우리는 실현할 수 없음에 익숙해진다. 성공보다는 실패에 자주 노출되는 부정의 결과를 내가 반복하는 셈이다. 하지만 단기간 실행할 수 있는 계획을 세우는 연습은 다르다. 이때에는 실현할 수 있는 계획이라는 조건이 붙는다. 다음 주 정도의 계획도 여기서는 멀다. 이번 주 계획이 효과적이다. 내일은 운동을 5분만 더 하기, 내일은 이동 중에 예능 말고 영어강의 5분만 더 듣기와 같이 세운다.

감정의 유효기간은 짧다. 1년 전 산책했던 기분은 생각나지 않지만, 오늘 아침 시원한 공기 느낌은 기억한다. 의지도 감정과 같아서 따끈따끈할 때가 가장 드러내기 쉽다. 할 수 있는 일을 반복적으로 계획하고 이루면 성취감을 느낀다. 이러한 성취감은 자존감과 친하다. 결국 자신감도 계속 같이 높아질 것이다.

자존감 향상의 중요한 부분은 우리의 뇌와 연관되어 있으므로 즐거운 생각을 좋아하게 만들어 줘야 한다. 사소한 생각에 당장은 큰 변화가 없을 것 같지만 우리가 몸 근육을 키울 때 근력 운동을 꾸준히 해야 결국 눈에 보이는 것과 같은 이치다. 마음 근육도 작은 것부터 시작하여 단단해지면 웬만한 상처나 시련에는 잘 반응하지 않게 된다. 시련의 한가운데 서 있다고 해도 작은 생각으로부터 단련된 마음이라면 더는 시련이 나의 길을 가로막지 않을 것이다.

긍정성을 위해서 할 수 있는 일은 그리 어렵지 않다. 어떤 말과 친한지 생각해 본다. 감탄이나 좋다는 등의 둥글둥글한 표현과 짜증 섞인 한숨이나 불평과 같은 뾰족한 표현 중 익숙한 것은 무엇인가. 그리고 오늘 있었던 일들에 고마운 의미를 부여해 본다. 출근길 느껴지는 상쾌한 공기, 동료가 건네준 센스 있는 내 취향의 커피, 나와 성향이 달라 힘들게 하는 사람을 보면서 '나는 저렇게 하지 말아야겠다.'라고 생각하면 고맙지 않은 게 없고 어디서나 배울 게 있다.

정신분석이나 심리치료의 목적은 '내담자가 지금 여기의 삶에 집중하도록 만드는 데 있다.'고 한다. 많은 이들이 과거에 대한 분노와 후회, 미래에 대한 불안과 근심으로 현재의 삶을 제대로 살지 못하기 때문이다. 삶의 고통과 시련을 어떻게 받아들여야 하는지 안다면 오늘 하루는 좀 더 버틸 만하지 않을까? 또한 내가 충분히 이뤄낼 수 있는 작은 일을 하고 나면 해냈다는 감정이 나를 긍정적으로 만들어 준다. 문제투성이고 우연히 발생한 일도 있지만 위기는 다른 말로 '위험에 기회를 더한 것'이라는 의미로 받아들이기도 한다. 그러니 힘든 상황에서 단련한 자존감은 그만큼 나를 성장하게 해줄 큰 기회를 만들어 주지 않겠는가.

SELF-ESTEEM

나와 자존감의
연결고리

내 마음, 괜찮다 괜찮다
생각하지만 진짜 그럴까?

행복하고 성공한 사람들은 다음 세 가지를 갖추고 있다.
첫째는 과거에 감사하고, 둘째는 미래의 꿈을 꾸며, 셋째는 현재를 설레며 산다.
– 모치즈키 도시타카(Toshitaka Mochizuki)

   '괜찮다.'는 나쁘지 않고 보통 이상일 때를 의미하는 것이지만 일상에서 우리는 상대방이 괜찮을 것 같지 않을 때, 염려하며 묻는 말이기도 하다.

   나는 맡은 역할이 많다. 딸, 엄마, 아내, 며느리, 교수, 연구소 대표…. 지위에 따른 역할이 있는데 그 역할이 한자리에서 요구되면 사람이 혼란을 겪으면서 스트레스를 받는다고 한다. 예를 들어 친정어머니와 시어머니, 남편이 함께 있는 상황에서 딸과 며느리와 아내의 역할을 동시에 해야 한다. 어떤 포지션을 취해야 하나. 엄마 편을 들까? 아니면 어머님 편? 내가 어떤 말과 행동을 하느냐에 따라 결과는 달라진다. 남편과 둘이 있는 상황에서 그는 나에게 묻는다. "괜찮아?"

나는 강의가 있을 때 아침 일찍 출근한다. 전날 밤 침대에 누워 딸은 내일 누가 학원에 데려다주는지 묻는다. 걸어갈 수는 없고 교통이 불편해 차로 15분은 가야 한다. "할아버지가 데려다주실 거야. 괜찮아?" 학원 가는 길이 처음일 때 이전에도 할아버지와 한참을 돌다 도착한 적이 있다. 아이는 덤덤하게 대답했다. "응. 괜찮아." 뭐가 괜찮은 걸까 궁금하다.

나는 영화를 정말 좋아한다. 좋아하는 영화는 반복해서 다시 보면서 놓친 부분을 찾아도 보고 감독의 의도를 생각해 보기도 한다.

〈터미네이터〉, 〈분노의 질주〉, 〈스파이더맨〉, 〈보헤미안 랩소디〉, 〈데드풀〉…. 이는 황석희가 번역한 작품이다. 유명한 영화는 그 제목만 들어도 줄거리와 대사가 생각나기도 한다. 활발하게 활동하며 관객과 소통을 좋아하는 그는 영화 번역 피드백을 받기 위한 메일 주소를 공개했다. 처음에는 부족한 부분이나 미흡한 부분에 대해 의견을 받아 역량을 더욱 향상하기 위한 선의의 방법으로 고안했을 것이다.

그런데 어이없는 일이 생겼다고 한다. 유명해지니 온갖 입에 담을 수 없는 내용의 메일을 받았단다. 신변을 위협하는 메일도 있었다. 그래서 고심 끝에 더는 이를 운영하지 않았다고 한다. 그는 자신의 마음이 '괜찮지 않다.'고 알았을 것이다.

이에 이어 재미있는 얘기가 있다. 누군가 그의 출신 대학을 언급하며 스펙이 낮은데 실력은 참 좋다고 물었단다. 그는 역시 멋지게 이에

답했다. "간판이 나를 대변할 수 있는 시기는 끝나요. 마침 강연 요청이 와서 당신 학교에 갈 텐데 그때도 이 질문해 주세요. 저도 답변 진지하게 생각해서 준비할게요." 그는 정말 괜찮아 보인다.

고통과 어려움은 외면한다고 해결되는 게 아니다. 어떻게 잘 부딪혀 나가는지 그 방법을 터득하여 시도하는 자세가 중요하다. 많은 이가 이유를 알아야 문제를 풀어갈 수 있다고 생각하며 지금 마주하고 있는 역경에서 원인을 찾으려 한다. 그런데 그 원인을 알고 해결하면 또 다른 일이 생기고 그렇게 고통을 다루다 보면 지치기 쉽다. 끊임없는 반복을 바꿀 수 없다면 그런 노력을 하는 나를 살펴봐야 한다.

기업 강의를 시작한 지 얼마 안 되었을 때였다. 좋은 강의는 강의 평가로 알 수 있다는 생각 때문에 99개의 호평보다 1개의 혹평을 분석하고 이유를 따져보았다. 그다음 강의도, 그다음 강의도 말이다. 그런데 단순히 주관적인 안 좋은 평가는 기운 빠지게 했고 의도와는 다르게 전달된 상황에 감정이 소진되었다. 그때 지친 상황에서 나는 잘 해결해 나갈 수 있는 정도의 상태인가 들여다보게 되었다.

나의 자존감을 위해서는 마음이 괜찮은지, 안 괜찮은지 아는 것이 첫 번째이다. 내 마음이 어떤지 알 수 있는 쉬운 방법인 '마음 챙김'을 소개한다. 자신의 마음 상태를 스스로 알아채는 것을 마음 챙김이라고 한다. 순수하게 생각과 욕구를 개입시키지 않고 주의를 집중하는 것이다. 마음 챙김을 실천하면 자신의 마음과 기분을 자신의 의지대로 다루어서 혹시나 우울함을 느낀다면 빨리 알아채 그 감정으로부터 나와서 건강한 상태를 유지할 수 있다. 그래서 최근 들어 관심을 가지는 이들이 많아졌다.

이제 막 기어 다니기 시작한 아기에게 뛰라고 할 수 없고, 뼈가 부러져 깁스해야 하는데 금방 나을 테니 일회용 밴드를 붙이면 된다고 할 수 없다. 내 상태를 알아야 어떻게 자존감을 높일지 알 수 있을 것이다. 기어 다니다가 바로 일어설 만큼 다리가 튼튼해졌나, 깁스는 얼마나 더 해야 원래대로 돌아올 수 있는지 확인하듯 마음도 정확히 들여다본다.

마음 챙김은 크게 네 가지 요소로 나뉜다. 내가 지금 집중을 잘 못하는지, 다른 사람의 고민이나 어려움에 무감각해 있지는 않은지, 지금 있는 곳이 도대체 어디인지 인식을 잘하는지, 그리고 나에게 일어나는 일에 대해 잘 반응하고 수용하는지이다.

구체적으로 말하면 일할 때 다른 생각에 휩쓸리지 않고 온전히 지금 집중할 수 있는지, 누군가 어려움을 말하는데 이것을 내 일처럼 적극적으로 잘 공감해 줄 수 있는지, 내가 지금 무슨 일을 왜 하고 있는지, 현실을 그대로 직시하고 그 문제를 잘 받아들이는지를 말한다. 근심 걱정이 많아 자신이 하는 일에 의욕을 잃고 집중도 잘하지 못한다면 금방 몸과 마음의 힘이 소진된다. 이런 상태에서는 다른 사람의 어려움을 공감할 수 없어 다른 사람을 기계적으로 대한다는 걸 스스로 어느 정도 아는가이다.

내가 나의 상태를 모르면 감각이 둔해져 점차 자신을 방치한다. 그렇게 되면 아파도 모르고 상처받아도 못 느낀다. 그 아픔의 깊이를 모르다가 갑자기 훅! 예고 없이 들어오는 슬픔에 그나마 붙들었던 정신을 놓게 되는 것이다. 회사 동료 중 한 명은 수면 유도제를 먹어야만 하거나 잠을 아예 못 자고 출근하는 날이 잦았다. 그래서 이들에게 도움을 줄 해답을 찾고 싶었다. 동료의 지친 마음을 달래고 슬럼프를 지나는 방법을 고민해 보면 답이 있겠다고 믿었다.

실제로 슬럼프에 빠진 직장인은 해당 기업에서 마음 챙김 명상 프로그램을 신청하거나 병원에서도 마음 챙김을 훈련받는다. 구글, 포드, AXA는 물론 삼성전자와 LG디스플레이는 임직원을 위한 마음 챙김 교육 프로그램을 운영한다. 그뿐만 아니라 마음 챙김은 현대인의 스트레스 지수를 낮추고 우울감을 회복시켜준다고 해서 명상으로 많이 이용된다.

회복탄력성이나 자아 존중감은 예전부터 주목받고 있지만 마음 챙김이 부각된 지 오래되지 않아서 마음을 챙기는 방법과 훈련은 계속 발전하고 있다. 마음 챙김을 명상 훈련으로 하며 하루에 정해진 시간 집중한 결과 우울증이 감소하고 뇌 영상 분석 결과 부정적 감정을 감소시킨 것이 확인되어 이제는 치료 목적으로 접근한다. 마음 챙김으로 나는 지금 괜찮은지 한번 찬찬히 살펴보기 바란다. 이는 자존감을 높이는 첫걸음이니 말이다.

자존감과 친한 친구, 마음 챙김

매일 행복하진 않지만 행복한 일은 매일 있어.
- 곰돌이 푸

마음 챙김이 잘 되면 긍정적 정서에 익숙해진다. 긍정적 정서는 자
존감과 상관관계가 있어서 긍정적 정서를 유지하면 높은 자존감을 유
지할 수 있다.

《잘되는 나》의 조엘 오스틴Joel Osteen은 그의 저서에서 긍정 정서가
얼마나 중요한지 설명한다. 그에게 상담을 요청한 한 여성이 "저는 평
생 걱정만 하며 살아요. 소심해요."라고 말하자 그는 "습관은 자신이
기르는 겁니다."라고 이야기한다. 우리가 평정을 잃으면 스트레스를
받는다. 그러나 스트레스의 원인을 따져보면 인생 전부를 통틀어 보
았을 때 별것 아니라고 한다. 그러므로 지금 당장 나의 계획과 다르게
일어나는 일에 대해서 화내거나 욕하거나 남을 탓할 필요도 없다고

한다. 이는 오히려 나에게 일어날 좋은 변화를 방해할 뿐이라고 한다.

해결하기 위한 시선이 아닌, 지금 나에게 닥친 일을 차분하고 객관적으로 바라보며 그 상황에 부닥친 나를 가만히 바라보자. 그것이 마음 챙김이다. 당신은 원하지 않는 상황에 직면했을 때, 누군가가 당신을 신랄하게 비난할 때 어떻게 행동하는가? 어떤 때는 작은 실수가 큰 결과로 이어지기도 한다. 살아가면서 우리는 억울한 순간과 말 못 할 사정이 생기기도 한다. 조금만 잘못하면 손해 보고 나의 수고가 다른 사람에게 돌아가는데 이래도 좋고 저래도 좋은 심성을 가진 사람이 몇 명이나 될까.

그런데 성격에 따라 억울한 상황에 대처하는 법이 좀 다르다. 누가 살짝만 심기를 건드려도 얼굴색이 빨개지거나 금방 언짢음이 얼굴에 드러나는 타입이 있는가 하면, 소란과 다툼을 싫어해서 웬만하면 꾹 참고 넘어가다가 한 번은 확 터지는 타입도 있다. 물론 적당히 무난한 성격도 있긴 하겠지만, 그런 사람이 많지는 않다.

나는 불편한 상황을 잘 참다가 나중에 터지는 성격이다. 언성이 높아져 고성이 오가는 분위기 자체를 싫어하기도 하지만 화를 내서 관계가 틀어지면 다시 꼬인 것을 푸는 데 많은 시간과 에너지를 쏟아야 하니 아예 그럴 일을 만들지 않으려 한다. 어지간하면 참고 누가 부탁하면 거절하기보다는 웬만하면 들어주려고 한다. 처음 받았던 부탁을 한두 번 들어주다가도 그 부탁을 들어줄 만한 상황이 아닌데 거절하지 못하고 억지로 해 줄 때도 많다.

승무원에게 비행 중 가장 바쁜 시간은 이륙 후부터 기내 판매가 끝나는 시점이다. 승객이 탑승할 때 문제가 발생한 부분을 해결하고 나서 기내식을 제공한 후 면세품 판매 등 기본적인 객실 서비스가 이때 거의 이루어지기 때문이다. 이 시간이 잘 끝나면 장거리 비행이 아직 10시간 남짓 남았지만, 그 비행의 업무는 절반 이상 끝난 셈이다. 남은 시간은 좀 쉬면서 다음 서비스 준비를 하거나 마무리 업무를 한다. 도착 전에 두 번째 기내식 서비스를 하기 전까지 두 개 조로 나누어 교대로 쉰다. 누가 먼저 쉬러 갈지 정하는데 꼭 비행마다 먼저 가겠다고 하는 팀원이 있다. 이런 사람은 어디든 있다. 당시 나도 피곤해서 쉬고 싶었지만 양보했다.

한 번은 A 조가 돌아오고 교대 시 내가 아직 마무리하지 못한 다음 서비스 준비를 인계하고 쉬러 갔다. 다녀왔는데 세상에 내가 가기 전과 똑같은 상황이었다! 3시간 동안 아무것도 되어있는 게 없다니 조금 놀랐지만, "엄청 바빴어?"라고 물어보고 같이 얼른 마무리했다.

그런데 그다음 비행도, 그다음 비행도 늘 먼저 쉬러 간 팀원이 있고 내가 나중에 쉬러 다녀오면 일이 되어있지 않았다. 1년을 앞으로 함께 팀 생활을 해야 하니 더는 안 되겠다 싶어 내가 매번 이렇게 하는 건 곤란하다고 했다. 조금은 미안한 마음으로 사과를 기대했건만 돌아온 말은 "여태 별말 없더니 갑자기 왜 그래?"였다.

'갑자기'라는 표현에 그동안 참아왔던 울분이 터져서 말도 제대로 안 나왔다.

퇴사한 지 한 달 정도 됐을 때의 일이다. 대학원에서 어려운 과제를 해야 하는데 팀원이 다 직장을 다녀서 바쁘고 지쳐 보였다. 직장을 퇴사한 직후긴 했어도 나도 새로 일을 준비해야 했고 아이도 돌보고 살림도 해야 했다. 하지만 다들 그중 가장 어린 내가 했으면 하는 눈치였다. 늘 주변 상황을 눈치껏 잘 감지하는 성격 탓에 도저히 모른 척할 수가 없었다. 그래서 결국 내가 한다고 하고 3일간 밤을 새우면서 얼마나 힘들었는지 모른다. 스스로 자처한 건데 누굴 탓하겠나. 발표가 끝나고 '고마웠다.'는 한 마디조차 없는 팀원들을 보며 집에 가는 길 내내 섭섭했다.

이런 일을 겪은 후 일단은 나를 힘들게 하는 상황을 혼자 생각해 보았다. 나는 부탁을 거절하기 어려워하는 사람이라고 마음 챙김을 해서 알게 되었고 방식을 좀 바꿔봤다. 무조건 한계 상황이 올 때까지 참지만 말고 '이제 못 하는 건 못하겠다.'라고 말하자고 생각했다. 하루 동안 할 수 있는 일은 정해져 있으니 우선순위를 두고 해야 할 것만 해보는 완급조절이 익숙해지니 거절이 어렵지 않게 되면서 부탁을 못 들어준 미안한 마음도 덜 하게 되었다.

감정 조절이 잘 안될 때는 마음 챙김을 시작하자. 내 감정에 쉽게 휩싸이지 않을 수 있게 하는 방법이다. 다른 사람이 볼 땐 별일 아닌데 자주 화가 난다면 내가 화가 나려고 할 때 그 감정을 빨리 알아채서 누그러뜨리면 도움이 된다.

자존감이 높은 사람은 화를 쉽게 내지 않는다. 남의 얘기에 크게 신경 쓰거나 휩쓸리지 않기 때문이다. 다른 사람이 하는 내 얘기에 반응하는 레이더를 접어보자. 누가 내 얘기를 하는지 신경 쓰이고 다른 사람의 비난 한마디 한마디가 밤에 잠들기 전 다시 생각난다면 '나는 진짜 괜찮은 사람'이라고 생각해 보라. 내가 나를 대단하다고 여기지 않으면 다른 사람들의 나에 대한 낮은 평가나 거짓된 소문에 더 민감하게 반응하게 된다.

SNS를 하다 보면 명품 옷을 입고 미슐랭 레스토랑에서 먹는 모습 게시물을 쉽게 접하게 되고 부러울 때가 있다. 비싼 화장품과 향수가 파우더 룸에 즐비하기도 하고 풀 빌라 같은 멋진 곳으로 여행 가서 칵테일 한잔하는 사진도 많다. 그렇게 남이 올린 게시물을 구경하다 "좋겠네." 하고 말한 적도 있다. 그런데 이 모습이 모두 진실이 아닐 수도 있다는 것도 우리는 안다. 이런 보여주기식으로 사는 모습은 결핍 때문일지 모른다. 나 이렇게 멋지게 사니까 좀 봐달라고, '좋아요'도 누르고 부럽다고 댓글도 좀 달아달라고 소리 없이 외치는 것일지도 모른다. 이와 같은 게시물을 올리고 나서 더욱 공허해진다고 말하는 사람을 종종 봤다.

마음 챙김은 나를 있는 그대로 보고 긍정적으로 받아들일 수 있게 한다. 마음 챙김이 잘 되면 내가 나를 바라보는 눈을 애정 어린 자신감으로 꽉 채울 수 있다. 다른 사람의 시선이나 소문은 한 손으로 휘휘 거둬 사그라지는 거미줄 같다. 휘젓는 손에는 느낌조차 나지 않게 가벼운 거미줄이다. 나의 감정을 스스로 다스릴 수 있고 자신감이 생기면 이제 삶을 성공으로 이끄는 열쇠를 가진 셈이다. 이는 '자아 낙관성'이라 부를 수 있다.

자아 낙관성은 나에 대해 긍정적으로 생각하는 태도이다. 예를 들어 거울을 보았을 때 '살을 더 빼야겠어, 성형이 꼭 필요해.' 또는 '이 정도면 충분하지! 연예인 할 것도 아닌데 뭐! 괜찮아!'라고 한다면 이때 두 번째가 자아 낙관성이 높은 경우이다. 타인을 배려하고 먼저 생각하는 것이 몸에 밴 사람일수록 정작 자기 평가에는 조금 인색할 수 있다.

자아 낙관성은 조금 뻔뻔해 보일 수도 있지만 나에게 관대한 태도를 의미한다. 이것은 남이 하면 잘못이고 내가 하면 그럴 수도 있다는 이중잣대가 아니다. 내가 일하는 과정에서 실수했을 때 그 실수에 대한 태도이다. '그럼 그렇지. 내가 언제는 뭐 한 번에 잘한 적이 있었나!'라는 생각보다는 '어제 밤새워서 피곤한 상태에서 한 것 치고는 괜찮네. 사람이 완벽할 수가 있나!'라는 생각이 나에게 좋다.

나라도 나를 살피고 돌보자. 외적 조건이 아니라 내가 느끼는 다양한 감정을 있는 그대로 이해해 주고 수용해 준다. 내 모습을 그대로 인정해 준다. 남과 비교하지 않고 내가 잘하는 것, 나의 좋은 점을 생각해 본다. 거울을 봤을 때 눈만 살짝 손대면, 코끝만 살짝 올리면 진짜 괜찮겠다는 게 아니라 '이 정도면 훌륭해! 내가 피부 하나는 끝내주잖아!' 이런 생각으로 바라본다면 내 안의 나는 활짝 웃지 않을까?

　다시 정리해 보면 마음 챙김은 객관적으로 나를 들여다보는 것으로 시작하지만, 자주 하게 되면 많은 변화를 가져온다. 스스로 감정을 조절할 수 있기 때문에 평정심을 가질 수 있는 것은 물론, 다른 사람의 이야기에 쉽게 휘둘리지 않게 된다. 이처럼 자신을 좋게 여기는 감정은 결국 자존감을 높이는 역할을 하는 든든한 도구가 되어 준다.

내가 나를 객관적으로
볼 수 있다면

‹
▴
●

우리 인생의 정경은 모자이크 그림과 비슷하다.
이 그림을 아름답게 보기 위해서는 그곳에서 멀리 떨어질 필요가 있다.
- 아서 쇼펜하우어(Arthur Schopenhauer)

나를 돌보는 방법이 생소하고 어색하다면 내 마음의 상태를 잘 알아보기 위해서 자신의 자아를 제삼자의 입장에 바라보자. 이것을 '자기 객관화'라고 한다. 말 그대로 나를 내가 객관적으로 보는 것이다. 우리는 나에 대해서 얼마나 알고 있을까? 의외로 많은 사람이 자신을 백 퍼센트 완벽하게 안다고 자신 있게 대답하지 못한다.

소크라테스가 남긴 명언 '너 자신을 알라.'를 기억할 것이다. 여기에는 한 단어가 빠져있다. 바로 '스스로'이다. 소크라테스가 어머니를 보고 만든 대화법이 있다. 끊임없는 질문과 대답으로 이루어진 산파술 대화법이라고 한다. 그의 어머니의 직업은 산파였기 때문에 그는 산모와 산파의 관계와 질문하는 사람과 대답하는 사람의 관계를 같이 놓고 보았다.

가끔 개인적인 사정으로 수업을 들을 수 없는데 다른 반 수업에 청강해도 되는지를 물어보는 학생이 있다. 나는 바로 대답하지 않고 만약에 네가 나라면 어떻게 대답할 수 있을지 반문해 본다. 자신이 한 질문에 대해서 스스로 생각하고 답을 구하게 한다. 이런 과정에서 자신이 질문한 내용을 다른 사람의 시선에서 생각해 볼 수 있다.

유명한 굴뚝 청소부 이야기가 있다. 두 명의 청소부가 굴뚝 청소를 마치고 나왔다. 한 명은 얼굴에 까맣게 그을음이 묻었고 다른 한 명은 깨끗했다. 이때, 세수하러 간 사람은 누구였을까? 바로 얼굴이 깨끗한 사람이었다. 상대방의 얼굴을 보고 내 모습이라고 생각한 것이다.

일반적으로 사람은 '자기에게 부족한 부분에 지나치게 집중하는 면'이 있다고 한다. 그래서 만약 자기가 부족한 것이 누군가에게 있을 때는 부러워하는 마음이 생긴다. 하지만 또 역으로 자기가 상대방보다 더 나은 부분에 대해서는 확대하여 해석해서 상대방에 대한 우월감이나 무시로 나타난다고 한다. 그러니 이를 경계하기 위해서라도 자기 객관화에 좀 더 주의를 기울여야 한다.

나는 집중해서 일할 때는 주변을 잘 정리하지 않는다. 방을 보면 강의안을 만들기 위해 프린트한 내용과 도움이 될 만한 책이 책상과 바닥에 다 펼쳐져 있다. 이를 본 나와 같이 사는 남자가 좀 치우면서 하면 집중도 더 잘 될 거라고 말할 때 "그런 것쯤은 나도 알고 있어, 그런데 왜 그리 잔소리가 심해?'라고 대답하면 대화의 흐름은 전혀 다른 방향으로 흘러갈 것이다. 타인의 조언과 비판이 현실적으로 나에게 도움이 된다 하여도 내면의 방어기제에 따라 오롯이 그대로 받아들이기 쉽지 않기 때문이다. 그러므로 자기 객관화를 하려면 내가 나를 다른 사람의 시선으로 보면 된다. 내가 분명 고쳐야 하는 단점이 있다고 하더라도 남이 나에게 하는 말은 비난이나 지적이 될 수 있다. 옳은 말임에도 불구하고 마음이 상하게 된다.

그런데 앉아서 곰곰이 나에 관해서 생각하면 이상하게도 자기 합리화를 한다. 예를 들어 시험을 망쳤다고 하면 그때에는 그럴 만한 사정이 있었다고 핑계를 찾는다. 부모님께 야단을 맞아 컨디션이 좋지 않았다거나 친구와 말다툼해서 공부할 기분이 아니었다거나 심지어 주식이 떨어져서 그렇다는 등 내가 시험을 망친 데에는 다 그럴 말한 여러 가지 이유가 많다. 그만큼 자신을 객관적으로 보기가 어렵다.

하지만 이 또한 노력으로 어느 정도는 극복할 수 있다. 한 발짝 뒤로 물러나 한 사람의 인생을 본다. 자기 객관화하려면 ○○○라는 자아를 밖으로 꺼내 놓는다. 여기서 ○○○는 자기를 제삼자로 여긴다는 의미로, 자신의 나이에 따라 각각 다른 모습을 볼 수 있다.

'열세 살의 ○○○는 따돌림당해서 수치심을 느꼈고 자존심이 많이 상한 아이구나, 그래서 다른 사람들을 살피는 성격을 가졌구나. 스무 살의 ○○○는 승무원이 되고 싶어서 혼자 하루에 17시간씩 토익

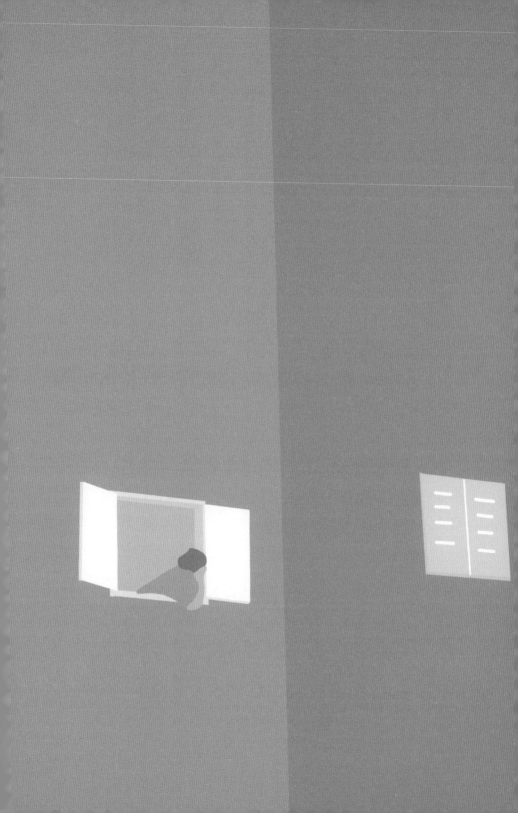

에 매달리더니 결국 취직했구나. 그래도 취업하더니 얼굴이 좀 좋아졌네. 눈빛을 보니 세상 다 이룬 얼굴이네. 그래서 자신감이 넘쳤구나. 어? 서른 살의 이 아이는 초보 엄마네. 엄마 경력 3년 차라 아기도 울고 아기 잠든 후에 엄마도 엉엉 우네. 저 때부터 고약한 성질이 좀 생겼네.'

이처럼 나를 내 처지에서만 생각하지 않고 한 발짝 떨어져서 바라보면 '그 시간에 멈춘 나라는 사람에 대해서 어느 정도는 객관적으로 바라보고 이해할 수 있다. 그러면 그 사람이 얼마나 그동안의 역경을 잘 이겨내고 이 자리에 왔는지가 보일 것이다. 어찌나 대단한지, 지금까지 해낸 것이 얼마나 기특한지가 말이다. 내가 아니라 타인이 만약 그런 상황에서 잘 살아왔다면, 드라마 주인공이 그런 모습을 보였다면 두말없이 응원했을 것이다. 그러니 한번 나를 드라마의 주인공으로 여기고 삶을 돌아보기 바란다. 물론 모든 부분을 무조건 위로하고 격려할 수는 없겠지만 그런데도 나를 객관적으로 바라보고 그러한 나에게 사랑의 눈길을 주는 것, 이것이 마음 챙김의 시작이다.

하기 쉽다,
마음 챙김

매일 아침 나는 내가 세상을 바꾸고 싶은지, 행복하게 살고 싶은지 선택한다.
-홍정욱

2021년, 서귀포 치유의 숲에서는 멍 때리기 대회가 열렸다. 그뿐만 아니라 매년 곳곳에서 개최된다. 일 등 하는 방법은 간단하다. 오로지 멍 때리면 된다. 경기 중에 자세를 바꿀 수는 있지만 졸거나, 웃거나, 휴대전화를 보면 탈락이다. 경기를 시작하기 전에 심박수를 체크하고 이 심박수가 어느 정도 일정하게 유지되어야 멍을 제대로 때리고 있다고 판단한다. 가장 안정적인 심박 그래프를 보이는 사람이 승리한다. 경기 시간은 보통 3시간 정도이다.

요즘은 마음 챙김 애플리케이션도 있고 훈련 프로그램도 있어서 다양한 방법으로 내 마음을 챙길 수 있다. 그중 가장 기본적인 방법 두 가지를 소개한다.

먼저 아침에 일어나 3~5분 정도 명상한다. 말이 명상이지 그냥 조용한 음악을 들으면서 잠시 멍하니 있어 본다. 오늘 해야 할 일을 계획하지도, 아침으로 무얼 먹을지도, 오후에 연락해야 할 사람 같은 걸 떠올리지 않고 눈 감고 바로 멍 때리기를 한다. 머리와 마음을 비우고 나를 그대로 둔다. 멍 때리기는 몰두할 대상이 없이도 집중할 수 있게 해준다.

물론 처음에는 이렇게 하기가 쉽지 않다. 딴생각이 어쩜 그렇게 자주 드는지. 그런데 이때 딴생각이 들 때면 다른 생각이 드는 것에 전혀 신경 쓰지 않아야 한다. '아, 나 또 딴생각한다. 아이코….' 이 생각이 들어도 그냥 두자. 여기에도 마음을 쓰지 않는다. 그냥 잡생각이 나는 대로 놔둔다. '잠깐, 오늘 친구 만날 때 뭘 입나. 그렇군. 또 계속 생각이 나는구나, 잠시 다시 멍 때려 볼까?'라고 다잡는다.

그러다가 점점 다른 생각이 드는 횟수가 줄어들고 익숙해지면 3분 동안 한두 번 정도만 다른 생각이 들고 점점 더 생각을 하지 않기가 쉬워진다. 마음이 고요하고 평안한 상태에서는 마음을 뜻대로 몰아가지 않고 그대로 두기가 가능해진다. 그렇게 긍정의 에너지가 그 시간 동안 충전된 걸 느끼며 기분 좋게 출근 준비를 하거나 샤워하면서 하루를 잘 시작할 수 있다.

두 번째 방법은 더 쉽다. 1분 동안 내쉬는 숨의 횟수를 세어보는 것이다. 시계를 이용해 1분 알람을 맞춰 놓고 눈을 감고 머릿속으로 숨을 내쉴 때마다 숫자를 세어 본다. 이때 중요한 건 숨을 세고 있다고 의식하지 않고 평소와 다름없이 숨을 쉬어야 한다. 건강한 일반 성인은 15회 정도가 정상이라고 한다.

그런데 세어보니 그보다 높은 횟수, 예를 들어 25회라면 마음이 지금 불안하거나 화가 나거나 흥분된 상태이다. 이러한 데에는 분명 이유가 있다. 상사가 막말했다거나 친구와 어제 심하게 다퉜다거나 계획하던 일이 실패했다. 이유는 다양하겠지만 어쨌든 마음은 그 일로 뿔이 나 있으니 그 화를 풀어 줘야 한다. 빨리 마음을 다독여주어야 한다는 필요성을 스스로 알 수 있다. 앞서 말했듯 상황이 바뀌지 않으니 결과를 받아들이고 감정적으로 더 치우치지 않도록 스스로 점검할 수 있어 유익하다.

반대로 만약에 8회만 숨을 내쉬었다면 무기력해 있지는 않은지, 일상에 지쳐 아무 의지가 없는지 확인해 보아야 한다. 의욕이 없어 아무것도 하기 싫고 하루를 시작하는 것이 귀찮지는 않은지 살펴보고 이때는 문제를 해결하기 위한 원인을 찾기보다는 좋아하는 일을 해주어서 활기를 넣어준다. 재미있는 영화를 한 편 본다든지 좋아하는 음식을 먹으러 간다든지 딱 그 정도면 된다. 거창한 일을 하는 데에는 많은 시간과 노력이 들고 결과를 보장할 수 없으므로 활기를 찾기 위한 방법이 아니다. 쉽고 바로 할 수 있는 일이 활력을 얻기에 더 좋다. 나도 기분이 이상하거나 좋지 않을 때는 1분 숨을 바로 세어보는데 신기하게도 감정 상태에 따라 호흡수가 달라진다. 그때그때 적절하게 조절한다.

이 두 가지 방법 모두 쉽고 시간이 오래 걸리지 않지만, 그 효과는 대단하다. 아침을 멍 때리기로 시작한다. 편안한 마음으로 하루를 시작하면 대체로 하루 종일 나의 감정을 긍정적인 상태로 유지할 수 있다. 물론 오랫동안 유지하기 위해서는 매일 반복하는 것이 중요하다. 호흡을 세는 순간순간 나의 상태를 점검할 수 있어 흥분이나 무기력에서 원래의 상태로 돌아오도록 생각과 행동을 변화시킬 수 있다.

생각해 보면 우리는 자신을 살피기보다 다른 사람의 시선이나 평가를 많이 신경 쓰면서 살아간다. 그럴수록 삶이 고달프다. 하지만 마음챙김을 생활화하면 그 전보다 기분 좋은 상태로 지낼 수 있다. 그러면 관계로 인한 고민도 자연스럽게 풀릴 것이다. 내가 나를 사랑할 수 있는 가장 쉽고도 효과적인 한 가지, 바로 마음 챙김이다.

위기 대처 능력의 원천,
자존감

연은 순풍이 아니라 역풍에 가장 높이 난다.
-윈스턴 처칠(Winston Churchill)

가수이자 뮤지컬 배우이자 배우, 아이돌 그룹 〈워너원〉의 멤버인 윤
지성에게 생방송 도중 무대장치의 문제로 방송사고가 난다. 노래하며
안무를 위해 손을 댄 소파가 그대로 무너져 내렸다. 순간 윤지성은 의
연하게 그 소파 위에서 안무를 이어 나갔고 다들 방송 사고인지 모르
고 지나갔다. 공연 후 SNS에는 든든히 먹어둔 덕분에 큰일이 없었다고
유쾌하게 메시지를 올렸다.

이처럼 위기의 상황을 프로답게 잘 대처할 수 있기 위해서는 자존
감이 중요하다. 윤지성은 유년 시절 부모님의 도움이 없이 혼자 가요
제에서 대상을 탔다. 어머니는 '상 받으러 와야 한다.'는 연락을 받고
나서야 이 사실을 아셨다고 한다. 이후 덤덤히 자신이 하고 싶은 일을

하기 위해 자발적으로 자기 삶을 계획했다.

그러나 계획과 달리 데뷔는 3번이나 미뤄졌고 7년이 넘는 연습생 생활을 했다. 얼핏 들으면 성공한 스토리로 보일 수 있지만 성공이 보장되지 않은 길로 가는 선택을 믿고 긴 시간을 노력한다는 것은 자기에 대한 믿음과 자신감이 없으면 불가능한 일이다. 심지어 윤지성은 '자신의 선택이 실패할 수도 있다.'고 생각하고 계획을 바꿔 대학원 입학을 준비했다고 한다. 방송 사고에 당황한 여러 방송인 영상을 볼 수 있는데, 그와 같은 대처는 의연함과 높은 자존감이 없으면 즉시 발현될 수 없다.

누구나 살아가면서 실수하거나 예기치 않은 상황에 부닥친다. 그런데 그러한 상황에 대처하는 방법은 가지각색이다. 어떤 이는 실수를 해도 그 실수와 자신을 분리해서 생각한다. 누군가에게는 이 한 번을 툴툴 털어내고 다시 시작할 수 있는 힘이 있다. 하지만 어떤 이는 이 한 번 때문에 다시는 세상에 나서지 못하고 좌절감이 큰 나머지 자신을 세상밖에 나가지 못하게 가두기도 한다. 그렇다면 그 결정적인 차이는 어디에서 비롯될까?

'나는 꽤 괜찮은 사람이고 누구와 비교해도 잘 해낼 수 있다. 그리고 실수는 극복해 낼 수 있다.'

이러한 자신감은 돌발 상황에서도 기지를 발휘하는 힘이 된다. 실수에 정면으로 맞닥뜨린 순간, 이를 해결하고 남보다 더 높이 뛰어 올라갈 수 있는 근력이 되어준다. 매일매일 감사와 자신감으로 마음의 근력 운동을 한 사람의 안정감은 실패를 잘 극복해 내지 못한 이에게는 없는 힘이다.

건강한 자존감이 있다면 실수했다고 해서, 상대방이 부당한 요구를 하거나 자신이 납득할 수 없이 행동했을 때 무조건 참거나 잘 대처하지 못한 자신을 자책하지 않는다. 물론 내가 나에게 친절해지기란 말처럼 쉽지 않다. 하지만 자기가 자기 자신을 너그럽게 수용할 수 있어야 비로소 다른 사람에게 공감도 제대로 할 수 있다. 이는 자신감을 넘어 인간관계와도 연결된다. 나를 아끼는 높은 자존감은 원만하고 조화로운 인간관계 형성을 위한 중요한 요인이다.

수많은 비행 중에 기억에 남는 장거리 비행 하나가 있다. 비행 중 동료들이 "○○번 좌석에 앉아있는 승객 쪽을 지나갈 때 조심해야 해." 하고 말했다. 승무원이 지나갈 때 툭 치는데 그 손은 그냥 어쩌다 한 실수가 아니라 '의도적인 나쁜 손'이라고 했다. 승객이 좌석에 앉은 높이와 승무원이 서 있는 위치는 승객이 손을 뻗으면 얼추 승무원의 허리 정도에 닿는다. 이 손님은 마음먹고 승무원에게 손을 내밀었다. 그렇다고 그쪽을 서비스하지 않을 수도 없는 노릇이었다.

그래서 내가 그 승객과 주변 승객을 서비스하기로 했다(승무원은 담당 구역을 정해서 근무하므로 특정한 한 명만 서비스하지 않는다). 어느 순간 나쁜 손이 나를 툭 쳤다. 왔구나, 나쁜 손! 순간 참지 않았다. "손님, 필요하신 게 있으면 호출 버튼을 누르거나 손을 들어주세요. 불쾌합니다! 이건 성희롱입니다."

물론 지금 생각해도 조금 센 발언이었다고 생각한다. 그 승객도 무안했는지 화를 내며 "뭐예요? 아니 내가 뭐! 음료수 좀 달라고 한 거지 일부러 손댄 게 아니라고!"라고 받아쳤다. 그래서 정중하지만 단호한 말투로 다음과 같이 말했다. "의도치 않으셨더라도 저는 불쾌하니 호명하시거나 콜 버튼을 눌러주십시오."

나는 나와 동료 모두를 사랑한다. 무조건 고객 만족이라는 미명 아래 참거나, 고객과의 문제가 발생하는 게 싫어서 피해야 한다고 생각하지 않는다. 그래서 의견은 분명히 전달하고자 했다. 물론 그분도 소중한 고객이기 때문에 이때 중요한 건 애프터서비스다. 일어난 상황을 잘 마무리해야 한다. 그래서 그 승객이 비행기에서 내릴 때 조금의 서운함도 남지 않도록, 그분 마음의 온도가 내려가지 않도록 주의를 기울여야 한다.

그날 그 승객 담당 승무원은 나였다. 동료가 불편해하는 것도 있었지만 내가 시작한 일 아닌가? 그러니 끝까지 책임을 져야지 싶었다. 그분도 무안하셨을 테니 다시 승무원을 찾기에는 용기가 필요할 것 같았다. 그래서 그 승객이 먼저 음료를 찾기 전에 컵에 두세 종류의 주스와 물을 따라 자연스럽게 주변 승객에게도 제공했다. 그리고 남은 비행시간 동안 그전 일에 대해 다시 언급하지 않았고 아무 일 없던 듯 대했다.

비행기가 목적지에 도착하기 전에 승무원은 담당 승객이 편하게 오셨는지 인사를 한다. 나 역시 마찬가지로 그 승객에게 인사할 때 느낄 수 있었다. '다시는 기내에서 아까와 같은 행동은 하지 않겠구나. 무안해했지만 이제 미안해하는구나.'라고 말이다. 내 나름의 위기 대처였는데 성공적이었다고 느꼈다.

하고 싶은 말을 밖으로 표현하는 것을 심리학에서는 '자기 표출'이라 한다. 자기 표출 행동이란 자신과 타인의 권리를 동등하게 존중하면서 자신의 느낌이나 생각을 솔직하게 표현하는 일련의 행동을 말한다.

물론 자기 표출을 제대로 하려면 세련된 표현법이 필요하다. 하지만 이 모든 영역은 훈련과 연습으로 가능하다. 그러므로 이런 대처 능력이 떨어진다고 해서 처음부터 의기소침할 필요는 없다. 시도하고 상대방의 반응을 겪다 보면 자신만의 노하우가 생긴다. 그리고 예상치 못한 일이 생겼을 때 상황을 이성적으로 판단하고 어떠한 상황도 유연하게 대처할 수 있는 순발력을 길러 가면 된다. 이러한 자기 표출이 가능해지면 사는 게 편해져서 좋다. 감정을 눌러야 하는 상황은 점점 줄어드니까 말이다. 무조건 참으면서 스트레스를 쌓아 올려 왔던 당신이라면, 오늘부터 조금씩 나를 표현해 보길 바란다.

혹시 이런 얘기를 들어본 적 있는가? 내가 지니고 싶은 장점이 있다면 그것을 진짜 자신의 장점으로 생각하면 우리 뇌는 그게 진짜인 줄 안다. 예를 들어 내가 좀 게으른 편인데 '나는 참 부지런해.'라는 생각을 자주 하고 그렇게 반복해서 말하면 내가 좀 부지런한 사람인 것처럼 착각한다고 한다.

내가 다른 사람에게 비난을 좀 받더라도 그것에 무뎌지는 마음을 가져보는 거다. 비난에 반박하는 생각을 반복한다. '내가 거지 같다고? 자격 미달이라고? 웃기네. 이 정도면 충분하지. 어떻게 더 잘하니. 괜찮아. 기회가 이번뿐이겠어? 실패도 해봐야 이겨내는 법을 아는 거지. 잘했어.' 이렇게 반복하면 뇌는 이런 생각에 익숙해지게 된다.

감정을 주식이라고 생각해 보자. 감정이 메말라 잔고가 없다면 어떻게 해야 할까? 주가가 오르면 그 이유를 알아보고 내려가면 왜 내려가는지 관련 뉴스를 찾아본다. 이처럼 주가의 변동을 자주 살펴보듯, 나의 감정을 내가 들여다보지 않으면 끝없이 떨어지는 기분을 알아채지 못하고 다른 사람의 얘기에 휘둘리고 결심도 무너진다.

감정을 제어하는 힘은 이처럼 훈련과 반복으로 기를 수 있다. 장점에 적용해 본다면 게을렀던 생활 패턴을 하나 바꾸어 본다. 늦잠을 좋아하면 내일은 알람을 1분 간격으로 5개는 맞추어 그날 어쩔 수 없이 일찍 일어났다면, 내가 부지런하다는 것은 더는 착각이 아니라 어제 보다 부지런해진 건 틀림없다. 이렇게 자꾸만 원하는 내 모습을 연습해가다 보면 원하는 내 모습으로의 긍정적인 변화도 그리 어렵지 않다.

하루 한 번으로
자존감 높아지는 법

나는 나같이 살면 된다. 세상은 서러움 그 자체다. 그 서러움은 내가 극복하는 것이다.
-윤여정

　　프랑스에서 태어난 루이 브라유Louis Braille는 재능이 많고 지능도 뛰어나 모두가 인정하는 미래가 기대되는 아이였다. 밝은 성격에 자신감도 넘치고 미래에 대한 꿈이 확실했다. 그런데 어느 날 이 아이의 인생을 바꾸는 사고가 난다. 가죽공예를 하는 아버지의 공방에서 난 사고로 염증이 번져 결국 두 눈을 실명한다. 보던 것을 볼 수 없고 시력을 완전히 잃는다.

　　그러나 그는 가족과 주변 사람의 도움으로 시력을 잃기 전의 생활과 같이 되기 위해 노력한다. 형이 불어주는 소리가 메아리로 들려오면 물건이 있다는 것으로 알고, 활자는 모형으로 만들어 촉각을 이용해 손으로 익혔다. 시각을 제외한 감각을 동원해 냄새맡고, 소리를 분별

하며 지팡이를 이용해 걸으면서 걸음 수를 세며 거리를 가늠하고 길을 외웠다. 그러나 앞이 보이지 않는 이에 대한 교육 체계가 부족하다고 느껴 맹아학교를 찾아 유학했다. 그러나 그곳에서도 어려움이 있다고 생각해 열다섯 살, 그는 마침내 6개의 점을 손가락을 이용해 읽고 쓸 수 있는 지금의 점자를 발명한다.

　루이가 불의의 사고를 당해 억울하고 슬퍼하기는 했어도 좌절하지 않을 수 있었던 이유는 긍정적 태도와 자신감이 습관화된 덕분이었다. 루이는 총명하고 영민했던 어린 시절을 보냈다. 그리고 주변 사람들의 도움과 자신의 노력으로 자존감을 지키고 자기를 존중할 수 있게 되었다. 긍정적인 정서가 몸에 밴 덕분에 루이는 어려운 상황에서 이겨낼 힘을 얻었을 것이다. 그 결과 지금은 존경받는 위인이 되었다.

　이처럼 우리는 엄청난 고통을 이겨낸 사람을 보면 대단하다고 한다. 우리는 그 상황에서 그렇게 할 수 없을 것이라 생각하기 때문이다. 그러나 큰 사건은 아니더라도 우리도 되돌아보면 어려운 일을 겪으면서 이를 극복한 적이 분명히 있을 것이다. 그 순간은 암담했지만 지나고 나면 추억의 한 조각일 뿐이다. 물론 그 조각은 딱딱하게 남아 지금도 또렷하게 기억날 수 있다. 앞으로 우리는 또 힘든 순간을 만날 것이고 어려운 날은 나를 기다린다. 그러나 자존감이 높다면 힘든 순간을 넘기고 이겨내기에 수월해진다. 자존감을 높이기 위해 긍정적 태도와 생각이 습관이 되어야 한다. 건강한 몸을 위해서 매일 해야 하는 운동처럼 지속해서 반복해야 한다.

스물세 살 때 근무 중에 발생한 일이다. 비행 중 비행기가 갑자기 난기류를 만나면 기체가 심하게 흔들린다. 예상치 못하게 좌석 벨트를 매지 않은 승객은 좌석에서 붕 뜨기도 하고 앞에 놓인 커피 컵이 쏟아지기도 한다. 한 번은 기내 면세품 판매가 끝나고 면세품이 들어있는 카트를 정리하려고 멈춘 순간 갑자기 비행기가 심하게 흔들렸다. 그리고 그 카트가 기우뚱하더니 내 앞으로 쾅 쓰러졌다. 발등에 피도 나고 좀 아프긴 했는데 아픈 것보다 나를 걱정하는 사무장님, 부사무장님, 선배님, 승객이 더 신경 쓰였다.

그 당시 나는 인턴이었고 막내였다. 그럴 때는 몸이 아픈 것보다 정서적인 부분이 더 반응한다. 창피하고 민망하며 불편하고 부담되는 마음에 아픈 줄도 몰랐다. 도와주겠다는 손길을 사양하고 그 발로 운전을 해서 집에 갔다. 그런데 혼자가 되다 보니 통증이 점점 더 심하게 느껴졌고 아예 발에 감각이 느껴지질 않았다. 도착 후 간 병원에서 검사한 결과 발등은 찢어져 출혈이 있었고, 뼈의 골절은 그 정도가 심해 최소 3개월은 쉴 수밖에 없는 상황이었다.

회복하는 동안 가족의 도움을 무척 받았다. 어머니는 뼈 건강에 좋다는 온갖 식단을 준비하셨다. 외출을 마음대로 못하니 아버지는 바람 쐬어주기 담당이었고 혼자서 씻기 어려우니 동생은 나의 머리를 감겨

주고 샤워하기 힘들 때도 도와주었다. 회복이 예정보다 늦어져 5개월 만에 깁스를 풀었는데 그때 본 한쪽 다리의 모양은 처참했다. 긴 시간 자기 역할을 못한 다리는 야위고 가늘어져 대충 연필로 쓱쓱 그린 다리 그림 같았다.

"근육이 없어서 그래요. 흐물흐물하지요. 당장은 잘 걷기가 어려울 거예요. 아무리 힘을 줘도 힘이 들어가지 않아요. 넘어지지 않게 조심하세요. 균형을 잃어 쓰러질 수 있어요. 조금씩 매일 움직이고 강도를 높여 운동하면 점점 좋아져 반대편 다리처럼 될 거예요." 이러한 의사선생님 말씀에 운동을 열심히 하며 재활했다. 적지 않은 시간이었지만 다행히도 다리는 원래대로 돌아왔다.

단지 오랫동안 걷지 못한 내 다리만 그럴까? 마음이 허하고 자존감이 바닥을 칠 때 어쩌다 누군가의 위로를 한 번 받았다고 금방 나아질 리가 없다. 감동적인 강의 한번 들었다고 잠깐 눈물 쏟고 나서 새로운 나날을 맞이할 리는 더더욱 없다. 마음도 몸과 같아서 매일 써야 나아지고 자꾸 들여다봐야 어디가 아픈지 보인다.

멘탈에 대한 연구를 하고 늘 긍정적으로 노력하고 있지만, 아주 가끔은 뼛속까지 자국이 남아있는 아픈 기억이 스멀스멀 올라올 때가 있다. 그러면 눈이 뜨거워진다. 그리고 순식간에 나는 그날로 갑자기 들어간다. 그러다 얼른 숨을 고르고, 호흡을 내쉬면서 감정을 꾹꾹 누르면서 울컥하는 목구멍을 딱 붙이고 숨을 참는다. 재빨리 그 순간에서

나오려고 안간힘을 쓴다. 이 느낌은 한 마디로 쓰다. 쓰지만 참으려고 한다. 우리는 약을 먹을 때 약이 써서 목 넘김이 힘들지만 참는다. 나아지기 위해서 회복하고 싶어서 참을 뿐이다. 참기가 어려울 때도 있지만 연습이 안 되면 한없이 슬픔에 잠길 테니까 참아 본다. 다음날 생각해 보면 어제는 그렇게 들기 힘들었던 무게가 또다시 들어보면 꽤 가볍게 느껴진다.

자존감과 멘탈 회복에 대한 강의를 마치고 돌아오는 길에 나에게 묻는다. '단 한순간도 부끄럽지 않게 강의했는가? 일부러 내 강의를 듣기 위해 오신 분에게 거짓말 한 건 없는가? 나는 힘들면서 다 이겨낸 척하고 내려온 건 아닌가?' 하고 모질게 물어본다. 그 질문에 '물론이지!'라고 자답하며 음악을 듣고 신나게 춤추면서 매일 자신을 돌본다. 무엇을 위해 하는가? 강한 자존감을 유지하기 위해 한다. 회복만큼 노력이 필요한 게 유지하는 것이다.

그럼 일상에서는 어떻게 마음 운동을 할 수 있을까? 바로 실천할 수 있는, 지금까지 해 온, 오늘도 한 방법이 있다. 먼저 아침에 일어나자마자 따뜻한, 조금 뜨거운 온도에 가까운(약 60도 정도) 물을 한 모금씩 천천히 마신다. 신체 건강에 좋은 거야 말할 것도 없지만 정서 건강에도 좋다. 나는 매일 아침 눈을 뜨면 바로 커피포트에 물을 올리고 살짝 뜨거운 물을 천천히 한 컵 마시고 하루를 준비한다.

우리가 화가 났을 때는 저절로 숨을 씩씩 몰아쉰다. 이는 숨을 크게 내뱉으면서 마음의 안정을 찾기 위해 몸이 무의식적으로 하는 행동이다. 약간 뜨거운 물은 숨을 내쉬면서 마시게 되어 오늘 하루 일을 생각하면서 짧은 명상을 할 수 있는 효과가 있다. 마음의 안정으로 하루를 시작하는 꿀 팁이다. 이는 마음 챙김 요인 중 '주의 집중'에 해당하는 부분으로 쉬우면서도 바로 할 수 있어서 적극적으로 추천한다.

두 번째는 몸을 이용해 감정을 모두 느껴본다. 좋은 일에는 웃기만 하는 것이 아니라 손뼉도 친다. 축하해 줄 일에는 인사보다는 그 사람과 하이 파이브도 하고 꼭 안아주는 것처럼. 슬프고 화가 나 눈물이 날 때는 눈물만 닦지 말고 엉엉 소리도 내서 운다. 머리로 생각만 하는 것보다는 귀와 눈과 손을 이용해 내가 나를 잘 느낄 수 있도록 하면 나의 상태와 반응에 더 예민해진다. 상대방을 기분 좋게 하려면 어떻게 반응해야 하는지 궁금해하는 만큼 나의 기분에도 이제 리액션 부자가 되어 본다.

방금까지 하던 일을 마치고 다른 일을 할 때 잠깐의 시간이 나면 이를 천천히 느껴본다. 정해진 시간에 늘 해야 하는 일을 무감각하게 반복적으로 하다 보면 마음도 무뎌진다. 아침을 먹고 산책하러 나갈 때, 식사를 마친 후 배부름도 느끼고, 산책하면서 지금 또 다른 일을 한다고 인지하면 내가 하는 일과 내가 느끼는 기분을 더 잘 알 수 있다. 그러면 나는 무엇을 할 때 좋아하는지, 어떤 것을 할 때 재미를 느끼는지,

누구와 이야기할 때 시간을 더 빠르게 간다고 느끼는지 알게 된다. 이 것을 '현실 자각'이라고 하는데, 지금에 집중하면 잡다한 걱정과 불안감 에서 멀어지게 된다.

만약 집에 있는 시간이 많다면 식사 시간을 5분만 더 늘려보자. 직장 인의 점심시간이 12분이라는 기사를 읽었는데 직장인이라면 빨리 먹 고 조금 더 쉬는 게 나을 수도 있다. 그 쉬는 시간에 휴대전화를 보거나 주로 SNS를 한다면 마음 운동에 좋지 않다. 쉬는 시간 동안 사람들과 대화하며 두 번째 방법을 적용한다면 달라질 수 있겠지만 그렇지 않다 면 식사 시간을 더 할애한다. 천천히 먹으며 맛의 느낌, 배부름을 느끼 면 긍정적 감정이 나의 마음에 도움이 된다. 이 부분도 주의 집중에 해 당한다.

아시다시피 어떤 분야의 전문가가 되려면 1만 시간은 훈련해야 한 단다. 어디 전문가만 그럴까. 마음 운동도 하루 했다고 변화가 확 오는 기적 같은 일은 없겠고 하루아침에 달라지는 일은 없겠지만, 시간이 지 날수록 한 것과 하지 않은 것의 차이는 크게 날 것이라는 사실은 확실 하다. 당신은 어떤 선택을 하겠는가.

감사는 왜 자존감을
높여주는 힘이 될까?

◖
◗
●

감사하는 마음은 행복으로 가는 문을 열어준다.
-존 템플턴(John Templeton)

"저는 백만장자입니다. 사람들은 제가 혼자 힘으로 큰 성과를 거두었다고 합니다. 그러나 자수성가는 없다고 말하고 싶습니다. 제가 자수성가했다고 하지 마시기 바랍니다. 우리는 스스로 성공할 수 있다는 오해를 합니다. 그러나 누구도 그럴 수 없습니다. 혼자서 성공할 수 있다는 것은 착각입니다. 저는 다른 사람의 도움이 없이는 성공할 수 없었을 것입니다. 제가 이렇게 말하는 이유는 여러분이 누군가의 도움을 받은 덕분에 지금 그곳에 있음을 알아야 하기 때문입니다."

영화배우 겸 보디빌더인 정치인 아널드 슈워제네거Arnold Schwarzenegger가 한 말이다. 그는 〈코난〉, 〈터미네이터〉의 흥행으로 시작해 할리우드 명예의 거리에 입성하였으며 주지사도 재임했다. 그러한 그는 자신의 이러한 성공적인 업적은 혼자만의 노력으로 이루어지지 않았으며 그 옆에는 주위의 도움이 있었다는 것을 깨달아 감사해야 한다고 말한다.

성공에 필요한 것은 타인의 도움이다. 혼자서 다 잘할 수는 없다. 내가 무언가 이루어냈을 때 주변에서 도와준 손길은 없는지 생각해 보자. 그뿐만 아니라 엄청난 성과를 낸 것이 아니더라도 지금 누리고 있는 것과 할 수 있는 것에 대해 감사해 본다. 이때의 마음과 기분은 나에게 없는 것을 소유한 사람이 부러워서 바라보는 마음과는 분명히 다르다.

친구 김도연은 남들과 자신을 비교하는 걸 좋아했다. 소식이 빨라서 주변 사람의 소식을 빠히 잘 알고 자신과 비교하는 이야기를 자주 했다. 남들이 하는 얘기에 관심도 많고 다른 사람이 사는 값비싼 물건에도 관심이 많았다. 어느 날 명품 신발을 신고 왔기에 예쁘다고 말했더니 모조품이라고 하였다. 친한 친구가 정품을 샀는데 예뻐서 자기는 똑같은 디자인의 가짜를 샀다며 혹시 티가 나는지 봐달라고 했다. 그리고 그 신발을 신고서 사진을 찍어 그냥 무심한 일상을 올리듯 SNS에 올렸고 '좋아요' 숫자가 올라갔다. 이런 그녀는 가끔 마음이 허전하고 뭘 해도 채워지지 않는 느낌이 든다고 말했다.

비싸고 좋은 물건이 있다고 보여 주고 남의 부러움을 사는 걸 즐긴다면 이는 자존감이 낮은 대표적 행동이다. 그리고 남과 비교하며 내가 부족해 보이는 것을 견디지 못하고 우위에 있으면 짜릿하다고 느끼는 것 역시 자존감이 낮아서이다. 지금 나에게 있고 내가 누리는 모든 것에 만족하지 못하면 결국 자신의 소유욕과 남에게 인정받고 싶은 욕구가 자신을 괴롭힌다. 같은 상황인데도 이 정도만이라도 좋다는 사람이 있고, 불평불만이 가득한 사람이 있다. 내가 처한 상황에 어느 정도 만족하고 생활하면, 즉 삶에 대한 만족도가 높으면 나를 돌보는 마음도 강해지게 된다.

사람은 나와 비슷하거나 가치관이 같은 사람끼리 친해진다. 생각이나 의견이 같으면 동질감을 느끼고 이러한 사람과 집단을 형성하고 싶어 하기 때문이다. 지금 삶에 만족하는 사람과 모이면 좋은 얘기가 오가고 혹여 힘든 상황이 생겨도 함께 견디면서 서로 성원을 보낸다. 극복하고 나면 잘 해낼 줄 알았다고 응원하고 칭찬과 격려를 주고받으며 자존감도 쑥쑥 크는 효과도 얻는다.

그와 반대로 옆집 사람과 나를 비교하고 회사 동료와 나를 비교하면 불만이 한둘이 아니다. 그리고 똑같은 생각을 하는 몇몇이 모여 우리가 못난 게 뭔데 왜 이렇게밖에 안 되는지 불평이 가득한 대화를 한다. 그렇게 점점 더 불평이 늘어나면 그 부정적인 감정은 나에게 고스란히 돌아오고 모임을 파한 뒤에도 지속된다.

지금 삶에 만족할 수 없을 때, 남들은 다 잘 사는데 나만 그렇지 않다는 생각이 든다면 한 번 '감사 일기'를 써보기 바란다. 어느 초등학교에서 숙제로 일주일에 두 번씩 감사 일기를 쓴다고 한다. 일상 속 작은 일에 감사하기 시작하면 내가 세상을 보는 눈이 달라진다.

나도 이 방법을 실천해 봤다. 아직 진행 중이지만 생각과 세상을 바라보는 시선이 좀 달라진 걸 느낀다. 어머니께서는 내가 예전과 다르게 내 입꼬리가 위로 올라가 인상도 바뀌었다고 하셨다. 예를 들어 강의를 마쳤을 때 몇몇 분들이 감동하였다고 할 때 보람을 느끼면서 감사한다. 그리 대단한 요리도 아닌 볶음밥과 국 한 그릇을 먹으며 '엄마는 밥을 차려줄 때 한 번도 소홀했던 적이 없다.'며 맛있게 먹는 딸을 볼 때, 불규칙한 비행 출근 시간 때문에 제시간에 깨지 못해서 소리가 크기로 유명한 알람 시계를 두 개나 사 온 남편을 볼 때, 지금 하고 싶은 일은 할 수 있을 만큼 튼튼한 체력이 있어 감사하다. 많이 걸어도 조금만 피곤해지는 튼실한 다리와 남보다 엄청나게 큰 나의 발도 고맙다. 주위를 둘러보면 감사할 일이 아주 많다.

감사한 마음을 전하면 관계도 회복된다. 어느 날 마트에서 장을 보고 나오면서 남편에게 '먹고 싶은 것 사고 필요한 것 살 수 있게 애써줘서 고마워요.'라고 메시지를 보냈다. 조금 오글거리긴 한다. 그래도 필요한 걸 충분히 살 수 있고 가끔 아이가 먹고 싶다는 것 사주고 신나게 외식도 할 수 있는 것이 얼마나 감사한지 모른다. 조금 후에 답장이 왔다. '함께해 줘서 고마워.' 이처럼 자신의 일상을 감사의 시선으로 한 번 바라보면 내 마음이 따뜻한 기운으로 감싸진다.

이번에는 나를 사랑하는 그 시선으로 다른 사람을 바라본다. 그냥 지나갈 수 있는 일인데 어떻게 바라보는지에 따라 아무 일도 아닐 수 있고 감사한 일일 수 있기 때문이다. 말에는 많은 모양이 있다. 때로는 칼날보다 날카로워서 상대의 마음을 후벼 팔 수도 있지만, 때로는 둥근 손 모양과 같아서 상대방의 지친 어깨를 토닥토닥해 줄 수도 있다.

오늘 한번 그 누군가에게 감사의 문자를 보내보자. 돈이 들지도 않고, 시간이 오래 걸리지도 않지만 따뜻한 말 한마디에 나를 보는 그 사람의 마음의 온도는 올라간다. 《감사하면 달라지는 것들》의 저자 제니스 캐플런Janice Kaplan은 '매일 감사 거리를 한 가지씩이라도 적으면 만사에 대한 자신의 태도가 바뀐다.'고 했다. 새빨간 저녁노을, 좋은 친구가 안아주는 것, 봄의 기운 등…. 설마 한 가지도 찾지 못할까?

내가 미처 익숙해져 지나쳤던 사람과 주변을 조금만 눈을 뜨게 뜨고 천천히 둘러보자. 지금 여기 내가 이렇게 있을 수 있는 건 혼자 이룬 게 아니라는 것을 알 수 있다. 부모님이 건강하셔서 얼마나 감사한지, 일하는 며느리라서 집에 무슨 일 생기면 바로 오실 수 있는 시부모님이 바로 옆에 계셔 얼마나 다행인지, 미우나 고우나 나에게는 나무 같은 존재인 남편이 있어서 얼마나 든든한지, 지지고 볶고 싸워주는 딸이 있어 어찌나 다행인지 알게 된다. 나는 잘해왔고 내 옆에 있는 좋은 사람이 함께 해 줘서 오늘도 무사히 보낼 수 있다. 더도 말고 덜도 말고 하루에 한두 가지만 감사해 보는 습관을 오늘부터 시작해 보면 어떨까.

일본의 납세자 1위인 부호 사이토 히토리^{さいとう ひとり}는 이렇게 말했다. '세상에 당연한 것은 없다. 당연하다고 여기는 생각이 있을 뿐이다.' 바로 우리에게 주어진 모든 것은 다 누군가의 노고로 우리 곁에 와 있다는 의미다. 지금 내가 당연한 듯 먹고 마시고 사용하는 모든 것이 실은 감사한 대상이라는 사실을 깨달을 때, 일상을 감사로 받아들일 수 있게 된다.

모든 사람에게
좋은 사람일 필요는 없다

마음으로 경청하라, 내 귀가 나를 가르친 스승이다.
–칭기즈칸(Genghis Khan)

회사에서 만난 선배 나경진은 소통도 잘하고 남의 얘기도 잘 들어줘서 인기가 많다. 우리는 같은 팀이었다. 팀 운영 기간은 1년인데 그동안 거의 같은 스케줄로 비행을 함께 했다. 나도 그 선배와 친하게 잘 지냈다.

어느 날 나에 대한 오해를 한 부분이 있어서 정중하게 전화로 잘못된 부분에 관해서 설명했다. 이날부터 악몽이 시작됐다. 내가 인사하면 나경진이 잘 안 받아주었고 나를 대하는 느낌이 차가웠다. 온도 차가 컸다. 다른 팀원과는 티가 나게 다르게 나를 대하는 게 느껴졌다. 그렇게 몇 개월이 지났고 파리행 비행기에서 갑자기 나를 조용히 불렀다. 나름 잘 버티면서 팀 안에서 불협화음을 만들지 않아 다행이라고 생각했는데 나경진이 나를 불러서 한다는 말이 이랬다. "가면 벗어."

나는 당황스러웠다. "네? 가면이요? 선배님, 무슨 얘긴지 잘 모르겠는데요?"라고 물으니 선배는 "나는 너처럼 선배한테 선배 대접을 안 하는 사람 처음 봤어. 네가 진급을 했으면 한 거지 나 무시하냐? 다른 팀원한테는 엄청 싹싹하고 잘하면서 왜 나한테는 막 해? 그러니까 그딴 가면 벗으라고, 가식적으로 하지 말라고!" 정말 어이가 없었다. 그러고는 빈번하게 나만 빼고 다른 팀원과 식사를 하고 왔다. 그리고 "어머, 미안. 너도 있는 줄 몰랐네?"라는 게 아닌가.

나는 꿋꿋하게 버텼고 그때부터 나와 관계된 사람 목록에서 나경진을 빼기로 했다. 알아서 밥도 먹고 다른 팀원과는 다름없이 잘 지냈다. 한 번은 그녀에게서 전화가 왔다. "너, 나한테 할 얘기 없어?" 내가 대답했다. "네, 없는데요."라고 말하자 선배가 말했다. "이렇게 계속 팀 생활할 거야? 불편하지 않니? 나한테 사과만 하면 되는데. 잘 지내볼 생각 없어?"

솔직히 없는 사람 취급이 불편하긴 했지만 난 이미 나경진과 다시 잘 지내고 싶지 않았다. 물론 같은 팀인 남은 기간 선배가 날 힘들게 할 수도 있지만 버틸 자신이 있었다. "네, 죄송하지만 없는데요." "뭐?????… 뭐??" 나의 답변에 그 선배는 어이없어했고 선배가 신경이 쓰이긴 했지만 깔끔하게 내 비행 생활에서 나경진과의 관계를 정리했다. 아마도 나의 이런 반응에 그녀가 더 힘들었을 것이다.

친구가 이유 없이 투덜거리고 나를 좀 피하는 것 같으면 많이 신경 쓰이는가? 며칠 동안 고민하다가 조심스럽게 연락했는데 읽고서도 답이 없으면 못 견딜 것같이 답답한가? 아니면 나한테 왜 그러는지 구구절절이 써서 보냈다가 얼른 그 친구가 보기 전에 지운 적이 있는가? 그런 건 소중한 시간과 에너지 낭비일 수 있다. 생각해 보면 어린 시절 친했던 친구들 모두 다 옆에 없다. 대학교 동기라도 지금이 그때만큼 친하지 않다.

나이가 들면서 인간관계를 정리할 때가 오는 것 같다. 물론 감사하게도 오랜 친구가 있지만, 혹여 나처럼 상대방이 쉽게 앙금을 털어내지 않아 마음이 힘들다면 과감하게 끊을 필요도 있다. 나랑 평생 함께할 것 같았던 친구가 내 마음만 아프게 하고 나를 힘들게 한다면 멋지게 관계를 정리하는 것도 좋다. 그 친구가 내 인생에서 함께하는 시기는 딱 여기까지가 아니겠느냐고 생각하면 그뿐이다. 한 번이라도 크게 틀어진 관계라면 인연이 다한 것이라고 생각해 보라. 나에게도 그런 친구가 있었는데, 억지로 다시 잡아보려고 10년이 지나서 만났지만, 그때처럼 돌아가지는 않았다. 한 번 멀어진 관계는 억지로 다시 돌려지는 게 아니었다.

후배 김성훈은 친한 사람이 많은 편은 아니었는데 나와는 그래도 좀 친했다. 차가 없던 김성훈이 집으로 가기 위해서 갈아타는 역이 마침 우리 집 근처라 일이 끝나고 나면 내가 종종 태워다 주곤 했다. 차에 타

서 이런저런 얘기를 하며 가는데 차에 있는 과자와 초콜릿을 먹고 포
장 비닐을 그냥 차에 두고 갔다. 뭐 처음에는 그냥 그러려니 했다. 차에
서 평소 주고받는 대화는 후배와 사정이 얽힌 사람들에 대한 불만이었
는데 뭐 중요한 게 아니니 그냥그냥 들어주면서 갔다.

　그런데 점점 그런 일로 하소연하려고 늦은 밤에 전화를 거는 일이
잦아졌고 가끔 차에 간식거리가 없으면 왜 먹을 게 하나도 없냐며 센
스 없다고 핀잔을 주었다. 그렇게 몇 주가 지나고 어느 날 보니 내가 그
후배의 기사처럼 되어있었다. 혹시나 일이 끝나고 다른 사람과 얘기라
도 하고 있으면, 나에게 언제쯤 얘기가 끝나냐며 빨리 나오라고 손가락
을 까딱거렸다. 순간 '이건 아닌데?'싶었다. 나의 호의가 김성훈한테 권
리가 되어버린 상황이었다. 물론 많이 고민했지만 더는 그렇게 지내는
것이 답이 아니라고 결론을 내렸다. 그리고 그날 이후 그에게 데려다
주는 호의는 베풀지 않았다.

　그렇게 다시 서로가 알기 전처럼 각자 살아가게 됐다. 김성훈이 집
에 가자고 나를 기다리고 있을 때 말없이 지나쳤다. 그리고 내가 기분
나빴던 부분을 말하면서 적어도 내 차 안에 간식이 없는 게 너한테 핀
잔들을 일은 아니라고 말했다. 그리고 나니 쓸데없이 고민하던 시간이
아쉬울 정도로 홀가분해졌다.

　가장 부질없는 말이 '내가 너한테 어떻게 했는데!'이다. 상대가 그렇
게 해달라고 한 적 없는데 내가 좋아서 했다면 그 사람은 그저 나 좋자

고 할 수 있는 기회를 준 사람이라고 생각해 보는 건 어떨까? 성훈이는 내가 자신을 위해 차 안에 간식을 매번 일부러 챙겨둔 것을 모를 것이다.

남녀관계에서도 마찬가지다. 일방적으로 희생하는 연애를 하는 사람이 상대와 헤어질 때 "내가 어떻게 했는데 나랑 헤어져? 내가 해준 게 얼만데!"라고 말하기 쉽다. 이보다는 평생 그런 불같은 사랑 한번 못해 보고 사는 사람도 있다는데 그래도 내가 그에게 해주는 기쁨을 느끼게 해 주었으니 그것에 만족하자고 마음먹는 건 어떨까?

친구든 연인이든 마찬가지다. 모두 똑같은 인간관계 안에 있다. 누가 나한테 그렇게까지 잘해달라고 했나. 누가 그렇게 미칠 정도로 사랑해 달라고 했나. 내가 한 명에 애끓고 연연해서 그곳에만 집중하게 되면 내가 좋은 관계를 잘 맺고 있는 다른 사람과의 감정선이 흔들려서 그 관계에 영향을 미치게 된다. 내가 한 곳에 에너지를 쓰니 당연하다. 끊을 건 과감히 끊고 내 곁에 남은 사람들에게 그 한 명의 몫을 더 나눠 주는 게 낫다.

휴대전화에 저장되어 있는 친구가 몇 명 정도 되는가? 나는 얼핏 보니 칠백 명 정도였는데 그중에 상당수가 연락하지 않는 사람이었다. 저장된 사람의 숫자가 많은 것이 인간관계의 성공을 의미하는 것은 아니라는 생각이 들었고, 많은 것 같아 연락하지 않는 사람의 연락처를 지웠다. 그러고 나니 약 이백 명 남짓 남았다. 내 생각에는 이것도 많다.

《사람에게는 몇 명의 친구가 필요한가?》의 저자 인류학자 로빈 던바
Robin Dunbar는 진짜 친구, 나와 '찐'의 관계를 맺고 있는 사람은 다섯 명
이 한계라고 한다. 다섯 명만 있어도 인간관계에서 성공이라고 주장한
다. 그 정도는 아니지만 친한 관계의 한계는 열다섯 명이고 지속해서
상대방의 상황을 알면서 연락할 수 있는 것은 최대 백오십 명까지라고
한다.

지금 연락하는 모든 이에게 애써 친절하고 좋은 사람으로 보이기 위
해 에너지를 낭비할 필요가 있을까? 상대방 때문에 기운이 빠지거나
스트레스가 쌓이는 인연이 있다면 과감히 정리하는 편이 나를 위한, 내
자존감을 위한 건강한 선택이다. 우리는 모두에게 좋은 사람이 되는
것보다 내가 인복이 많다고 느끼는 관계로 채워나가는 편이 훨씬 낫지
않을까.

긍정적 생각,
자존감 향상의 열쇠

대인배처럼 인정하라. "너도 옳고, 그도 옳고, 나도 옳다."
-황희

    신체장애가 있는 칼리는 똑바로 걷기가 힘들다. 상태가 심각한 정도는 아니기 때문에 다른 어려움은 없고 걸을 때만 좀 불편한 정도다. 그러나 직장 동료가 칼리에게 도움을 주기보다는 자기네와 다르다는 편견으로 대했다. 그래서 칼리는 자신의 업무는 물론 이러한 편견도 해결해야 했다. '나는 몸이 불편하지만, 당신은 정서적으로 아픈 거야, 결과로 보여 주겠어.'라고 생각하며 신경 쓰지 않고 오히려 동료의 태도를 안타깝게 여겼다. 칼리는 수많은 어려움에도 불구하고 뛰어난 업무 성과를 보이며 승진을 거듭했고 마침내 회사 CEO가 되었다. 그 비결은 무엇일까? 칼리는 남에게 인정받거나 상사의 칭찬을 듣기 위해 일하지 않았다. 매 순간을 '자신은 잘 해낼 수 있다.'는 믿음으로 똑

부러지게 임했다.

이처럼 '긍정적으로 생각하는 습관'이야말로 무적의 멘탈 만들기의 결승점이다. 마음이 여리고 배려심이 많은 사람일수록 자신에게는 엄격하고 타인에게 관대하다. 그래서 무슨 일이 생기면 뭘 잘못했는지, 어디서 실수했는지 곧잘 자신을 먼저 돌아본다.

팀 프로젝트를 몇 날 며칠 준비해서 발표했는데 말 좀 더듬거리고 눈길을 어디에 둘지 몰라 진땀을 빼면서 말하니 지적받고 발표 망친 게 다 내 탓 같고, 몇 년 만에 만난 동창이 은연중에 외제 차 키와 명품 가방을 테이블 위에 두는 걸 보고, 나도 옛날에는 그 애보다 공부를 잘했었는데 싶어 씁쓸한 적이 있는가? 이런 생각은 긍정적으로 나아가려는 나를 좀먹는 곰팡이와 같다.

말 좀 더듬었으면 어떠한가. 긴장해서 대본을 보면서 읽었어도 괜찮다. 난 발표하기 전의 팀원에서 팀 프로젝트의 발표 경험자가 되었다. 그까짓 신상 명품 가방 없어도 괜찮다. 내가 바로 '메이드 바이Made by 우리 엄마'의 세상에 하나뿐인 귀한 사람이다.

나는 별로 잘하는 것도 대단한 면도 없는 평범한 존재라고 자꾸만 자신을 작게 만들고 있는가? 잘났다는 것은, 나만 잘할 수 있는 뛰어난 게 있다는 것은 사실 대단한 걸 말하는 게 아니다. 찾아보면 '내가 이건 좀 잘해.'를 몇 개 정도는 금방 찾을 수 있다. 이러한 긍지가 익숙해지면 자존감은 높아질 수밖에 없다.

예를 들면 나는 사람의 기분을 잘 알아챈다. 이게 대단한 건 아니지만 능력이라면 또 능력이다. 기내에서 승무원이 기내식을 제공할 때 늘 모든 승객이 원하는 메뉴를 제공할 수는 없다. 백 명의 승객이 탑승하면 세 가지의 메뉴가 백 개씩 탑재되는 게 아니라 선호도나 노선의 특성과 같은 많은 분석을 거쳐 통계적으로 선호하는 메뉴별로 적당한 비율로 탑재가 된다. 보통은 치킨이 삼 분의 일, 비빔밥이 절반, 나머지는 소고기가 실린다. 메뉴 선호도에 따라 적절하게 제공하는 일은 승무원의 재량이다.

한 번은 기내식을 취식하는 승객을 둘러보는데 한 분이 식사가 영 입맛에 안 맞아 보였다. 판단하는 방법은 간단하다. 음식이 맛있으면 상체도 앞으로 좀 숙이게 되고 시선은 음식을 보면서 맛있게 드신다. 그런데 한 승객을 보니 이 분은 등을 딱 뒤로 기대고 천천히 드시면서 먹는 둥 마는 둥 하고 있었다. 그래서 나는 얼른 다른 식사를 들고 갔다. 여기서 식사가 맛이 없냐고 물으면 안 된다. 살며시 가서 "이것도 한번 곁들여 드시면 어떠실까요?" 하고 드린다. 승객이 "어? 이거 좀 별로였는데 어떻게 아셨어요?"라고 되물었다. 고객의 칭찬과 불만은 미세한 부분에서 차이가 생긴다. 별것 아닌 작은 장점이 나만의 능력이 될 수 있으니 그걸 찾아보라.

내가 얼마나 긍정적으로 생각하는지 보려면 평소에 쓰는 언어 습관을 살펴보면 알 수 있다. 예를 들어 약속 장소로 가는 데까지 걸리는 시간을 검색해 보니 평소와 같이 막히지도, 빨리 가지도 않는다면 '이 정도면 괜찮은데?'라고 하는가? '뭐 나쁘지 않네.'라고 하는가? 굳이 부정의 표현이 두 번 들어가면 괜찮다고 생각하는 사람보다 두 배의 부정에 노출된다. 어떤 언어를 습관처럼 쓰는지가 사고방식에 영향을 미친다. 긍정적으로 웬만하면 좋게 생각하는 방향, 매사가 불만이고 부정적으로 보려는 방향, 우리는 어느 쪽이든 둘 중에 한쪽으로 발달할 것이다. 우리 뇌가 그렇게 반응한다.

같은 아파트에 사는 채유림은 어린 아기를 키우는 엄마다. 단지 내에서 오가며 만나면 함께 이야기하는데 채유림의 얘기는 대부분 불만족하거나 힘든 일이다. 친한 친구는 좋은 데로 시집가서 잘 사는 데 나는 별로고, 남편은 성격이 이상하다는 그런 이런 내용이 주를 이룬다. 한 번은 벤치에서 곰 인형으로 아이와 놀아주는 모습을 보았다. 인사하고 옆에 앉아 엄마와 아기가 함께 보내는 시간을 보고 있었는데 무표정한 인형의 얼굴을 보며 엄마는 아이에게 "이 인형은 화가 난 것 같아. 뭔가 잘못해서 야단을 맞았나 봐. 그래서 기분이 나쁜 것 같은데?"라고 말해서 나도 그 인형을 보았다. 그런데 일반적인 곰 인형 모양과 같을 뿐 다른 점은 찾을 수 없었다. 엄마는 그러면서 곰의 얼굴을 찌그렸고 아직 말을 못 하는 아기는 엄마의 얘기를 들으며 장난감을 바라보았다. 나는 흠칫 놀랐지만, 가만히 있다가 나중에 둘이 있을 때 얘기했다.

"돌 잔치에 초대받아 가보면 아기를 낳고 1년 동안 행복한 얼굴로 아기를 양육한 엄마의 아기는 자주 까르르 거리며 손님들의 장난이나 귀여워하는 모습에 방실방실 웃더라고요. 엄마가 육아에 힘들고 지쳐 자주 아이에게 화를 내거나 짜증을 부리면 아기가 자주 웃는 걸 볼 수 없었어요.

제가 비행을 마치고 비행기에서 내리는 승객에게 긴 시간 비행은 어떠셨는지, 다음에 또 모시겠다는 인사를 하다 보면, 앞서 내리는 부모님이 같이 인사를 받아주면 뒤따라오는 자녀 역시 인사를 잘해요. 그런데 승무원이 웃는 얼굴로 정중하게 인사해도 부모님 모두 인사를 받아주지 않으면 자녀 역시 마찬가지더라고요. 우리가 아이에게 물려줄 수 있는 건 재물만이 아니라 험난한 세상을 이겨낼 수 있는 긍정이라는 무기를 물려주면 어떨까요?"

내 말을 듣고 잠시 가만히 있던 채유림이 말했다.

"첫 직장 생활에서 상사와의 갈등이 심해 견디지 못하고 그만뒀어요. 다음 직장에서도 문제가 있었어요. 업무 보고할 때도 동료는 인정받고 저는 수정할 게 너무 많았어요. '왜 나는 안될까?' 하는 생각을 했어요. 그렇게 몇 번 직장을 옮겼고 결혼을 핑계로 그만두었지요. 일종의 도피와 같았어요. 그런데 아이 엄마들과 지내다 보니 또 마찬가지인 거예요. 나보다 형편도 좋아 보이고 나이도 어리고 그러다 보니 비교가 되더라고요. 저도 원래는 안 그랬는데 어쩌다 보니 이렇게 됐나 봐요."

내가 발전할 수 있는 빠른 길은 '나를 비교하는 대상이 바로 내가 되어야 한다.'고 한다. 이는 지난날의 나를 말하는 것이다. 과거의 나를 보면서 미흡한 부분은 보완도 하고 앞으로 더 잘될 수 있도록 계획하면서 나아갈 방향을 이끌어 갈 수 있다. 그러나 다른 사람과 비교하면 자존감은 더 낮아지고 '쟤는 잘 풀리는데 나는 왜 이러는지' 싶어 한탄만 하게 된다.

사람들은 밝은 에너지와 좋은 느낌을 주는 사람에게 호감을 느끼고 모여든다. 사람을 대할 때 말하는 습관이 어떠한지 한번 살펴보라. 긍정적인 사람이 많은 곳에는 느껴지는 특유의 분위기가 있다. 그 사람의 공통점은 인상이 좋다. 흔히 웃는 상이라고 하는 그것이다.

강연할 때 오프닝 5분 동안 그날 강연이 어떻게 흘러갈지 알게 된다. 긍정적으로 봐주는 분이 많다고 느껴지면 안도감과 자신감이 뒤엉켜 내 마음속에서 마구 뛰논다. '오늘 강연은 성공적이겠다. 무슨 얘기를 해도 잘 될 것 같아!' 이런 생각이 드는데, 이런 노하우는 아무래도 10년 넘게 승객을 대면하면서 경험을 통해 상대방의 기분을 파악할 수 있게 된 덕분이다.

긍정 정서를 키우기 위한 다른 방법이 있다. 오늘 나에게 좋은 느낌을 찾아보는 것이다. 회사를 그만두고 학교에 온 첫해에 있었던 일이다. 밝고 활기찬 모습으로 수업을 듣던 한 학생이 수업 전에 연락했는데 울먹이면서 흥분한 상태였고 오늘 수업을 좀 늦게 들어갈 것 같다고 말했다. 지각하거나 결석할 때 미리 연락하는 학생이 별로 없는데 그래도 연락을 주니 그마저 기특했고 아마 이 친구는 학교에 꼭 올 것이라고 생각했다.

그 아이는 수업을 시작한 지 얼마 안 되어 퉁퉁 부은 얼굴로 강의실에 들어왔다. 실습해야 해서 일단 이 학생을 안에 따로 마련된 공간에 가라고 했고, 자율 실습 시간 동안 내가 잠시 들어가서 보니 많이 울고 온 얼굴이었다. "무슨 일 있니?" 이 한마디에 학생이 울음을 터뜨렸다. 힘든 가정사에 친구 문제가 겹쳐서 몸도 마음도 지쳐있었다.

"괜찮아. 난 더 심한 일도 겪었잖아. 그런데 지나가고 나면 아무것도 아니야. 너처럼 예쁘고 좋은 애가 왜 지금 여기서 좌절하는 거야. 보란 듯이 잘 돼야지. 지금 울고 주저앉는 건 결코 널 위한 길이 아니야. 날 봐봐, 내가 그걸 증명하고 있잖아."

그렇게 말하고는 같이 부둥켜안고 울었다. 아이는 조금 진정이 되고 나서 얘기했다. 평소에 늘 부정적으로 생각하는데 그러다 보면 기분이 더 안 좋아진다고 했다. 특유의 뛰어난 사회성과 똘똘한 모습의 아이가 자존감이 낮아서 자신보다 다른 사람들과의 관계에 더 애를 쓰는 모습을 보고 나는 미션을 줬다. 바로 매일 밤 잠들기 전 하루를

마무리하면서 행복했던 일 세 가지 찾기였다. 예를 들면 이런 것들이다. '먹고 싶었던 고기를 먹다니 먹을 복이 있다.' '갖고 싶던 잠옷을 사서 기분 좋다.' 어떻게 보면 사소한 일들이지만 이 또한 생각하기 나름이다. 이 아이는 너무나 기특하게도 매일 꾸준히 적어보면서 마음이 변하는 걸 느꼈을 뿐 아니라 하루를 기분 좋게 마무리할 수 있었다고 한다. 이런 변화된 아이의 모습을 보니 오히려 내가 고마웠다.

꼬박 세 학기 동안 이렇게 나와의 약속을 잘 지킨 이 아이는 다른 사람에게도 이 방법을 해보라고 했다. 자기를 소개하면서 "혹시 저처럼 힘들고 지쳐서 부정적인 생각을 하신다면 이를 추천합니다!"라고 말했다. 표정과 눈빛이 완전히 바뀌어 생글생글 웃는 그 아이의 큰 눈망울을 보면서 가슴이 벅차 눈물이 나는 걸 간신히 참았다. '대단하다! 잘했다! 잘 이겨냈구나! 이제 졸업하고 세상에 나가서 뭐든 잘 해낼 수 있을 거야!'라고 마음속으로 얼마나 외쳤는지 모른다. 이제는 사회에 나간 이 아이는 자신을 무적이라고 말하면서 자기가 얼마나 잘 살고 있는지 가끔 소식을 전해준다. 잘 살아줘서 고맙다.

이처럼 누구나 단점은 있지만 이를 긍정적으로 바꿔볼 수 있다. 만약 고치고 싶은 단점이 있는데 그게 고쳐지고 나서 뛰어난 장점이 될 수 있다면 바꿔보는 건 어떨까? 나는 깨지 않고 16시간을 잔 적이 있을 정도로 잠이 많다. 그러다 보니 다른 사람보다 쓸 수 있는 시간이 부족했다. 그래서 이런 방법을 써봤다. '시간을 나눠 쓴다!' 처음에는 하루 24시간을 6시간씩 넷으로 나눈다. 그리고 한 개의 시간 덩이마다 하나의 일을 했다. 한 개는 잠을 자는 데에 쓰고, 하나는 세끼 밥을 먹는 데에 쓰고, 하나는 친구를 만나서 수다를 떤다든지 여가생활을 하는 데에 썼다. 그리고 나머지 하나는 생산적인 데에 쓰자고 다짐하였고, 책을 읽든지 자격증을 따든지 등등에 썼다. 그렇게 몇 주를 생활하니 그 방식에 몸이 익숙해졌고 그다음에는 4시간씩 여섯으로 묶었다.

이 시기에는 잠도 딱 4시간을 잤는데 잠이 많은 탓에 이때가 가장 힘들었다. 포기하고 조금 더 자고 싶어질 때면 '지금 자면 나는 망한다, 그동안 해 온 걸 생각해 보자.'라면서 얼음 물로 세수를 했다. 그것도 잠이 안 깨면 수건을 냉동실에 넣고 얼려서 얼굴에 덮었다. 딱딱하게 굳은 그 수건의 느낌을 아직도 기억한다. 그렇게 여섯 개로 시간을 나눠 쓰는 생활이 적응돼서 그다음에는 2시간씩 한 덩어리로 묶었다. 이때부터는 잠을 2시간짜리 네 덩어리로 묶어서 8시간은 자고 나머지는 2시간 단위로 쪼개서 생활했다.

처음 실행 이후 15년이 지난 지금은 하루를 오늘 해야 할 일 단위로 나누어 생활한다. 사람들은 그게 가능하냐고 하지만 오히려 여유롭다. 여유가 있으려면 아무 계획도 없는 시간을 두어야 한다. 그래야 쉬면서 힘을 얻는다. 해야 하는 일을 하며 생기는 틈새 30분을 마음껏 사용한다. 오롯이 쉬는 시간이 생기면 휴대전화를 무음으로 바꾸고 소파에 던져두고 누워서 아무 생각도 하지 않는다. 머리도 쉬고 몸도 쉬고 편하게 좀 쉰다. 혹시나 모를 급한 일? 내가 사는 것보다 중요하고 급한 게 있을까? 내가 있어야 가족도 주변 사람도 있다. 오만가지 인상을 쓰면서 내 할 일 하느라 허덕이면 누가 알아줄까. 내 마음이 충전돼야 모두 행복하게 지낼 수 있다.

예전에는 한 끼를 대충 때우거나, 버스 안에서 서서 에너지 바를 먹는 등 늘 시간에 쫓겨 살았다. 물론 그때의 그런 노력이 밑거름이 되고 기초 공사를 해준 덕분에 지금 30분 단위로 나눈 시간 계획에 따라 최대한 즐거움을 만끽할 수 있다고 생각한다. 그래도 지금이 훨씬 행복하다.

행복한 사람의 특징은 바로 '지금을 만족스럽게 생각한다.'는 점이다. 내일에 대한 걱정으로 오늘을 채우지 않는다. 쉴 때 내일 걱정을 하지 않고 지금 평안을 느낀다. 잘 만족하는 사람은 현재를 즐긴다. 오늘, 지금 좋은 점을 한 가지만이라도 찾아보라. 오늘을 그저 꿈꾸는 미래를 위한 준비 시간으로만 여기지 말고 지금 당장 작은 만족부터 바로 누려보길 바란다.

자존감의 비타민,
성취감

누구에게나 무언가를 배울 수 있는 사람이 세상에서 가장 현명하다.
-탈무드(Talmud)

"어떤 순간에 낮았던 자존감이 높아졌다고 생각되세요?"

나의 강연을 듣는 한 분에게 질문해 보았다. 그랬더니 '무언가를 이뤄냈을 때'라고 말했다. 그리 대단한 일이 아니지만 뭔가 해냈다는 걸 통해 자신감이 생기면서 뿌듯하다고 했다. 내가 가르치는 과목에서 학생의 생각도 같았다. 대학입시 시즌에는 신입생 모집을 위해 애쓰는 재학생이 있다. 그때 자기가 도움을 주었던 학생이 자기의 학교에 지원했고 그 지원 동기에 자신이 영향을 미쳤다는 것을 알게 되었을 때 그 성취감은 이루 말할 수 없다고 한다.

최고의 농구선수이자 직관적 표현으로 예능 분야에서 인기가 많은, 이제는 방송인으로 활발히 활동하는 서장훈의 이야기다. 성취감이 높으면 자존감이 높다는 상관관계에 대한 예시로 얼마 전 방송에서 그가 어느 출연자에게 조언한 일화가 있다.

서장훈은 자존감이 높은 사람으로 잘 알려져 있다. 그는 농구를 좋아한 적은 없다고 했다. 하지만 꿋꿋이 인내를 통해 값진 결과를 가질 수 있었다고 한다. 스스로 자신의 한계를 넘어야 하는 운동선수는 혼자서 외롭고 힘든 싸움을 이겨내야 한다. 이 싸움에서 이기면 자존감이 높아진다고 하였다. 빼어난 외모의 출연자가 외적인 부분에 온갖 시간과 비용을 쏟는 것을 보고 그는 이렇게 말했다.

"나보다 훨씬 잘생겼는데 왜 자존감이 그렇게 낮아? 외모에 대한 만족은 누구를 위해서야? 다른 사람에게 인정받기 위해서? 누가 알아봐 주고 인정해 주는 외적인 부분에 몰입하지 말고 내가 하는 것에 집중해서 내면을 채워야 해. 지금 당장 오늘부터 어떤 사람이 되고 싶은지 생각해. 중요한 건 목표를 찾는 거야. 그리고 네가 할 수 있는 일을 찾아서 해봐."

여기서 그가 말하는 것은 엄청 대단한 목표를 의미하지는 않을 것이다. 당장 할 수 있는, 성취감으로 나의 내면을 채울 수 있다. 그리고 그게 쌓이고 해내는 경험이 축적되어 높은 자존감이 완성된다. 운동선수 시절 그의 훈련 시간이 쌓인 것처럼 말이다.

아주 작은 일부터 해보자. 가끔 나는 학생들에게 이 뿌듯함을 느끼게 해주고 싶어서 그림을 그려보자고 한다. 그러면 대부분은 그림에는 소질이 없다며 손사래를 친다. 그러나 우리는 원래 모두 그림에 재능을 가진 인재였다. 모두 그림을 잘 그렸다. 세 살 때 도대체 무엇을 그린 건지 알 수 없음에도 불구하고 그 그림을 본 부모님은 손뼉을 치면서 잘했다고 하셨다. 일곱 살 무렵에는 비율 짱 엄마 그림을 보고 예쁘게 잘 그렸다는 말을 들었다. 그런데 학교 사생대회에서 등수를 정해주면서 그 안에 들어가지 못하게 되자 그림에 재능이 없다고 생각하게 된 것이다. 일 등부터 삼 등까지만 상장을 주니 말이다. 사 등부터는 못하는 사람이 된다.

내가 강의에서 다루는 그림에는 대단한 실력을 요구하지 않는다. 그냥 우리 어릴 때로 돌아갔다고 생각하고 깊이 고민하지 말고 한 번에 쓱쓱 그려보자고 한다. 그러면 꽤 괜찮은 그림이 그려진다. 학생들이 생각보다 별거 아닌 걸 보고 눈썹이 찡긋 올라가면서 입꼬리가 따라 올라가는 걸 보면 나는 오늘도 한 사람에게 작은 해냄, 성취감이라는 선물을 했다는 생각으로 기쁘다.

스스로 계획할 수 없는 자녀에게 어떻게 성취감을 올려주면 좋을까? 요즘은 초등학교 때부터 학원을 많이 다닌다. 나 역시 학원을 많이 보내지 말자고 다짐했어도 딸은 피아노, 태권도 학원에 다닌다. 수학은 집에서 아빠가 가르치고 영어, 국어는 내가 가르친다. 자기 자식 가르치는 게 제일 어렵다더니 나는 두 손 두 발을 들었다. 그렇게 인고의 시간을 보내고 있던 어느 날, 딸이 집에 와서 학교에서 수학 문제를 풀었는데 몇 개를 틀렸다고 했다. 가방 안을 보니 시험지가 구겨져 있다. 어지간히 싫었나 보다. "다 맞은 친구도 있는데 나는 틀려서 속상해."

나는 딸의 얘기에 대답했다. "저번보다 훨씬 잘했는데? 저번에는 많이 틀렸던 걸 엄마는 기억해. 지금 더 나아졌네. 친구가 다 맞은 걸 신경 쓸 필요 없어. 이대로라면 다음에는 오늘보다 나을 수 있을 거야. 엄마는 믿어. 수고했어. 그리고 좀 틀리면 어때? 전혀 괜찮아. 나아졌다는 게 대단한데? 너 좋아하는 옥수수 쪄 먹자."

그다음도 우리 딸은 시험에서 다 맞지 않았지만 더 이상 친구의 점수에 연연해하지 않았다. 블록 놀이나 피아노 연주도 이렇게 다가간다면 아이는 자기가 조금씩 이룬다는 기분을 느끼면서 성장할 것이다. 그 기분은 아이가 고개를 들고 어깨는 쫙 편 자신감 넘치는 모습으로 다닐 뿌리가 된다. 그렇게 성취감이 깊게 뿌리내리고 나면 사람이 사람에게 자신이 처리하지 못한 감정을 쏟아내는 감정 쓰레기가 난무하는 사회에 나가서도 흔들림 없이 굳건할 것이다.

무엇을 성취한다는 것은 자신이 나아진다고 느끼는 것이다. 다시 말해, 지금보다 더 나은 내가 될 수 있다는 변화를 알아차리는 것이기도 하다. 이러한 감정이 삶에 대한 만족은 물론 자신을 발전시킬 수 있는 원동력이 된다. 그럼, 어떻게 해야 성취감을 일상에서 자주 느낄 수 있을까?

첫 번째, 좋아하는 음악, 사진, 글귀가 있으면 그것에만 잠시 집중해 보라. 짧게는 1분, 길면 3분. 아침 출근 준비 3분은 금방 가는데 이때의 3분은 천천히 흘러간다. 이러한 것을 명상이라고 할 수도 있겠지만 나는 '집중'이라고 표현한다. 그 상황에만 몰입한다. 내가 좋아하는 것을 잠깐 온전히 집중하며 좋아하는 것을 지금 하고 있다고 생각한다. 이러면 곧 뇌는 편안하고 좋다고 느낀다. 이는 현실에서 잠시 물러나 이면을 보는듯한 착각을 만들기도 한다. 내가 나아진다는 기분도 든다.

두 번째, 어떠한 일을 결정할 때, 고민은 하되 결정을 빨리한다. 단, 여기서 조건은 나의 결정을 믿고 결과가 나쁘더라도 자기합리화를 한다. 주저하고 망설이는 것 자체가 부정적 행동이기 때문에 그 상황에 나를 오래 머무르게 두는 것은 좋지 않다. 이것은 고민과는 다른 개념이다. 현명한 판단을 하기 위해 많은 선택지와 선행 사례를 알아본다. 여기까지 애쓰고 결정은 바로 한다. 결과가 좋았다면 '와, 역시 내 판단이 옳았어!'라고 칭찬하면 된다. 그러나 만약 그 결과가 원하던 바가 아니라고 하더라도 그것이 최선이었음을 믿으면 된다.

세 번째, 내가 도움을 줄 수 있는 사람이나 장소가 있는지 살펴보고 실천해 본다. 예를 들어, 아르바이트로 힘든 동기의 과제에 관해서 자료를 좀 찾아봐 준다거나, 남자친구 대신 남자친구의 물건을 찾아서 전달해 주거나, 워킹맘의 아이를 잠시 돌보아 준다. 사람은 누구나 자신이 쓸모 있는 사람이라는 것을 느낄 때 엄청난 성취감을 느낀다.

네 번째, 경제적 목표를 세워본다. 예를 들어 1달에 십만 원 저축과 같은 가시적 목표를 세우는 것이다. 그리고 실제로 내가 계획한 대로 실현되면 근거가 될 수 있는 결과물이기 때문에 성취감은 올라간다. 나는 취업 후 월급의 삼 분의 일을 꼬박꼬박 저축하였고 10년 만기가 되었을 때 이를 다른 일에 쓸 수 있었기 때문에 엄청난 성취감을 느꼈다. 요즘은 주식투자로 눈을 돌려 정해놓은 얼마의 일정 수익이 나면 팔겠다는 계획에 따라 매일 즐겁게 기다림의 미학을 배운다.

다섯 번째, 나와 전혀 연관 없는 분야에 대해 배워본다. 요리, 춤, 어학, 메이크업, 패션, 미술 등 셀 수 없이 많은 분야가 있다. 새로움은 우리를 설레게 한다. 그것에 열정이 더해지면 실력이 되기도 하고 취미가 되기도 한다.

실제로 낮은 자존감으로 우울해져 환자가 심리 치료받을 때 의사는 환자에게 성취감을 느낄 수 있는 일을 해보길 권한다. 크고 거창한 계획보다 작지만 자기가 충분히 할 수 있는 일을 계획한다. 일상에서 할 수 있는 일을 매일매일 해내는 모습은 분명 나를 괜찮은 사람으로 봐주는 자양분이 된다. 그러다가 새로운 일에 불안에 떨지 않고 직면할 수 있다면 바로 자존감이 높아졌다는 의미이다. 다시 말해 작지만 반복된 성취감은 그만큼 자존감을 높여준다.

SELF - ESTEEM

너와 자존감의
연결고리

사람들과의 관계가
제일 어렵다는 너에게

◖
▴
●

사람을 대할 때는 불을 대하듯 하라. 다가갈 때는 타지 않을 만큼. 멀어질 때는 얼지 않을 만큼.
-디오게네스(Diogenes)

다른 사람으로부터 칭찬과 격려를 받으면 나의 자존감을 높일 수 있다. 내가 노력하지 않았더라도 칭찬으로 자존감이 높아진다. 그런데 나를 위해 하는 노력보다 어려운 부분이 다른 사람과 공감하는 인간관계이다. 그래서인지 어떻게 하면 대인관계가 좋아질 수 있는지에 대한 질문을 많이 받는다.

우리는 어릴 때부터 사람과 어울리는 데 노력을 많이 해왔다. 서너 살 아기가 활발하게 또래와 어울리기만 해도 부모는 사회성이 뛰어나다고 손뼉 치며 좋아하고, 공부는 잘하는데 교우관계가 원만하지 않으면 걱정한다. 혼자서는 살아갈 수 없는 세상이기 때문에 사회성 발달을 위한 책은 불타나게 팔리고, 인간관계에 성공한 사람들의 얘기는 이슈가 된다.

각 분야에서 최고로 꼽히는 사람을 모아 성공하게 된 이유를 분석한 연구가 있다. 이들이 각자의 영역에서 최고가 된 비결이 무엇인지 찾아내기 위한 목적이었다. 그 비결을 안다면 우리도 성공에 쉽게 다가갈 수 있을 것 같다. 그런데 연구 결과, 성공의 열쇠는 놀랍게도 각 직무에서 필요로 하는 능력, 예를 들면 자격증이나 특별한 기술 등과 같은 건 성공의 조건에서 겨우 15퍼센트만 차지했고 놀랍게도 85퍼센트는 인간관계였다.

성공이라는 개념이 거창하다면 행복의 관점에서 보자. 심리학자이자 세계 100대 행복 학자인 서은국 교수는 행복의 핵심을 한 장의 사진에 담는다면, 바로 '좋아하는 사람과 함께 음식을 먹는 장면'이라고 한다. 결국 행복은 거창한 것이 아니라 모든 껍데기를 벗겨내면 결국 이 한 장의 사진으로 요약된다는 거다. 행복과 불행은 이 장면이 가득한 인생 대 그렇지 않은 인생의 차이라고 한다. 어떠한가? 행복에도 우리는 혼자가 아니라 '좋아하는 사람과 함께'라는 관계가 큰 비중을 차지한다고 알 수 있다.

40대에 성공한 지인 정현진은 참으로 능력도 탁월하고 심지어 결정적인 상황에서 판단력도 뛰어나다. 젊은 나이에 많은 부를 축적했기에 사람들이 정현진에게 대단하다면서 너나 나나 할 것 없이 친해

지고 싶다며 연락처를 주고받으며 인사한다. 그런데 아쉬운 것은 정작 힘들 때 주변에 도와줄 사람이 없다. 정현진에게 도움을 받고 싶어 하는 사람은 많지만 정작 이 사람이 어려울 때나 이 사람을 도와줘서 손해가 예상될 때는 나서는 사람이 거의 없다. 그래서 어떤 일을 새로 추진하려고 할 때는 거의 혼자서 다 해야 한다. 그러다 보니 더 예민하고 힘들고 버겁다. 그녀는 명품을 쉽게 살 수 있을 정도로 풍족하지만 늘 외롭다고 한다. 사서 입지도 않는 명품 옷들은 쌓여만 가고, 직업적으로는 성공했지만 삶은 적막하고 외롭다고 하소연한다. 주변에 사람이 적은 데에는 그런 이유가 있을 것이다. 사회적으로 성공했더라 하더라도 마음을 터놓을 사람이 주변에 없다면 잘 살고 있다고 보긴 힘들다.

흔히 내가 눈감을 때 곁에 친한 친구가 세 명만 남아있어도 인생은 성공했다고 한다. 유년기 시절 친구나 오래된 직장 동료와 갈등이나 오해는 물론 생길 수 있지만 이때 잘 해결해서 좋은 관계를 오랫동안 유지하고 있다면 소통 능력이 높다고 할 수 있다.

자존감 구성하는 한 요인이기도 한 관계성은 다른 사람의 생각이나 감정을 잘 이해하고 갈등도 유연하게 해결해서 원만한 인간관계를 유지할 수 있는 능력을 의미한다. 나는 이것이 눈치와 같다고 생각한다. 눈치가 빠른 사람은 상대방의 기분이나 생각을 표정을 보거나 말투를 듣고 얼른 알아챌 수 있으니까. 상대방이 기분이 좋은지, 나쁜지, 만족하는지, 고민하고 있는지 등 타인의 정서도 잘 읽을 수 있을 것이다.

한편 공감이란 상대방의 감정을 잘 읽어낼 수 있는 능력이다. 공감과 이해는 다른 개념인데, 상대방이 사랑하는 사람과의 이별로 힘들어할 때 이 사람의 감정까지 함께 하려는 것이 공감이라면, 참 힘들겠다며 적절한 위로의 말을 해줄 수 있는 정도는 이해라고 볼 수 있다.

관계성이 높은 사람은 다른 사람들이 내 삶에 엮여 있다고 생각한다. 나의 삶을 보았을 때 오로지 나만 있는 것이 아니라 가족, 친구, 친한 동료 등 유기적으로 함께 한다고 생각한다면 관계성이 높다고 볼 수 있다. 그러나 '어차피 인생은 혼자야. 누가 누굴 도와줘? 믿을 사람은 아무도 없어!'라면 그 반대라고 하겠다.

인간관계를 어떻게 해야 하는지에 정답은 없다. 그러나 누군가가 나에게 베푼 친절과 다정함을 한 번 떠올려보라. 그냥 떠올리는 것만으로도 마음이 따뜻해지지 않는가? 나도 상대방에게 대가를 바라지 않고 친절을 베풀면, 신의를 다하면 된다.

이와 더불어 말을 할 때 의견과 자신을 분리할 줄 알아야 한다. 자신의 의견이 비난받고 반박받을 때 나의 존재가 공격받는 것이 아니라는 것을 명확하게 알아야 한다. 잘못된 동일시가 바로 수많은 싸움과 분노, 증오로 변하여 관계를 상하게 하기 때문이다. 그러니 의견은 의견대로 두자. 여기에서도 자존감이 중요하다. 자존감이 낮으면 나의 의견, 내가 추종하는 사람의 의견, 그런 것들과 자신을 동일시하며 공격하고 방어하느라 시간과 감정을 낭비하게 된다.

마지막으로 공감받기 위해 애쓰고, 공감받지 못해 서운해하지 말자. 언제나 내 마음을 알아주길 바라고, 내 말에 편들어주길 바라는 마음이야말로 인간관계 안에서 사소한 감정싸움의 시작이 될 수 있다.

누군가에게 선의를 베풀 때 상대방은 내가 그렇게 하는 이유가 있다고 생각한다. 나에게서 무엇을 원하기 때문에 그걸 얻기 위해서 하는 행동이라 여길 수 있다. 그러므로 목적 없는 공감을 하는 것이 좋다. 그대로 들어주고 상대방이 하고 싶은 말은 모두 할 수 있도록 한다. 듣다 보면 내 생각을 이야기해야 할 때가 있다. 이때 섣불리 판단해서 결론짓지 않는다. 그리고 서로가 말한 사람에 대한 지적이 아니라 화제에 대한 의견 교류라는 것을 알아야 한다. 관계는 과도하게 친하거나 싫어할 때 문제가 생기기 쉽다. 그러므로 '선을 넘지 않는 태도'가 바로 관계 유지를 위한 핵심 비결이다.

자존감이 주는 선물,
사람들과 좋은 관계

감사는 정중함의 가장 아름다운 표현이다.
−자크 마리탱(Jacques Maritain)

〈선녀와 나무꾼〉 이야기에서 착한 나무꾼은 예쁜 신부를 만나 결혼하는 꿈을 꾸며 매일 산에 가서 나무를 해온다. 어느 날 사냥꾼이 쫓아와 위기에 처한 사슴을 숨겨줘서 사슴은 선녀가 목욕하러 오는 날과 위치를 알려준 덕분에 그는 선녀 한 명과 결혼하고 꿈을 이루게 된다.

하지만 나무꾼이 이 시대에 태어났더라면 선녀를 절대로 부인으로 맞을 수 없었을지 모른다. 나무꾼은 예쁜 여자를 만나 결혼하는 게 그의 인생 목표였다. 그런데 그런 여자를 만나기 위한 노력은 하지 않고 여자를 보기도 힘든 산으로 매일 나무를 하러 갔다. 소개팅을 할 수 있거나 이성을 만날 수 있는 곳으로 가는 게 아니라 발길을 산으로 돌렸지 않은가. 한 마디로 방향이 틀린 것이다. 그래도 마음은 착해서

위기에 빠진 사슴을 구해주어 그가 선녀를 만나게 된 것은 어쩌면 천운일지도 모른다.

그런데 만약 선녀가 이 시대 사람이었다면 스마트폰으로 날개옷이 없어도 하늘로 날아가는 방법을 검색했을 것이다. 아니면 친구 선녀에게 날개옷 하나만 가져다 달라고 카톡을 보냈을 것이다. 선녀가 '내 날개옷을 누가 훔쳐 갔다.'거나 '나는 납치당했다.'고 경찰에 신고할 수도 있다. 나무꾼은 그렇게 또 허탕을 치고 매일 산으로 나무를 하러 갔을 것이고 결국 그의 소원은 이루어지지 않아 슬픈 결말로 이야기가 끝날 지도 모른다. 여기서 나무꾼이 꿈을 이루게 된 것은 다름 아닌 '사슴과의 관계 덕분'이었다.

이렇듯 결국 어떤 삶을 디자인하더라도 답은 결국 인간관계가 큰 부분을 차지한다. 올바른 방향으로 디자인하고 그 안에 얽힌 관계를 잘 풀어나가는 것이 내가 그린 그림대로 삶을 살아갈 수 있는 밑그림이라고 할 수 있다. 문제는 어떻게 좋은 관계를 유지하는가이다. 누구나 사람에 대한 자신만의 필터가 있다. 인간이기에 어쩔 수 없이 생기는 선입견도 아마 누구나 제각각의 필터가 있기 때문일 것이다.

인간관계에서는 특히 '코드가 맞다, 코드가 맞지 않는다.'는 표현을 쓴다. 자신과 코드가 맞는 사람과 당연히 친해지는 것이지만 어느 정도 연륜이 쌓이면 더더욱 우리는 코드 중심의 인간관계를 형성한다. 어쩌면 선입견 때문에 우리는 부지기수로 상대방을 제대로 파악하지 못하고 지나친다.

　그래서 나는 인간관계에서 이런 걸 제시한다. 상대방을 그냥 그대로 유심히 살펴본다. 무엇이건 관심을 가지고 계속 관찰하다 보면 우리 앞에 전혀 새로운 모습으로 나타나는 때가 있다. 마치 그동안 없던 것이 짠! 하고 나타나는 것과 같다. 만약 싫은 감정이 앞서는 사람이 있다면 일단 그 사람을 관찰해본다. 그 사람에 대한 선입견이 있어서 싫은지도 모른다. 자기 생각을 내려놓으면 객관적으로 상대방을 볼 수 있다. 인간관계가 어려우면서도 즐거운 것은 서로를 발견해 나가는 과정이기 때문이다.

　그리고 한 가지 기억해야 할 점이 있다. 서로에게 힘이 되는 인간관계가 되려면 둘 사이의 인간관계에서 남을 지나치게 의식하면 안 된다는 점이다. 예를 들어 결혼 상대를 구할 때도 다른 이들에게 자랑하기 좋은 스펙만을 우선순위로 놓고 상대방을 찾는다면 과연 행복한 결혼생활로 이어질 수 있을까? 이상하게도 나와 가족이 될 부부의 인연을 찾을 때 이런 실수를 하기 쉽다. 내가 없는 것을 상대방이 채워주기를 바라는 마음은 누구에게나 있지만, 그런 마음이 내가 상대방을 채워주어야겠다는 마음보다 커버릴 때 그 관계는 깨지기 쉽고 상처 나기 쉽다.

　우리는 건강한 인간관계를 위해 사람을 보는 눈을 키워야 한다. 이는 다음의 두 가지 노력을 통해 발전한다고 한다.

첫째는 유연한 관점을 지키기 위한 노력이고, 둘째는 상대방의 인간적인 선함을 보려는 정서적인 노력이다. 사람 보는 눈은 혼자서 상대방을 이리저리 재어 보는 것으로 얻어지는 것이 아니라 다른 사람과 직접 관계 맺으며 경험적으로 얻어지는 능력이다.

우리가 인간관계를 어려워하는 것이 이런 이유 때문이 아닐까? 상대방에 대한 좋은 감정이 저절로 생긴다는 착각을 한다. 좋은 인간관계를 위해서는 상대방의 좋은 점을 보려는 의도적인 노력이 필수인 것을 늘 기억해야 하는데 말이다. 상대방이 미운 짓을 했다면 그 행동이 문제가 아니라 내가 그렇게 바라본 것은 아닐까? 그 사람은 내가 아니니 내 의도나 마음을 온전히 이해할 수 없다. 그런데 우리는 늘 상대방이 나라고 착각하고 물론 상대방도 그렇게 착각한다. 그래서 인간관계가 어렵다. 그러면 내가 상대방보다는 조금 더 마음이 넓다고 나를 칭찬해 가면서 일단 나부터 다른 사람의 입장이 되어 보는 건 어떨까?

의미 없는
인연은 없다

좋은 사람과 쓰레기를 구분하려면 그에게 착하고 상냥하게 대해주어라.
좋은 사람은 후일 한 번쯤 너에 대한 보답에 대해 생각해 볼 것이고,
쓰레기는 슬슬 가면을 벗을 준비를 할 것이다.
-모건 프리먼(Morgan Freeman)

'수많은 사람들 중에 당신을 만난 것은 보통 인연이 아니야.'

이는 한 노래 가사의 일부이다. 이처럼 어떤 교집합이 있어서 나와 인연이 되었다면 모두 의미가 있고 그 의미는 내가 어떻게 두냐에 따라 달라진다. 같이 일하는 사람이라도 스치는 인연이면 다음에 봐도 어색한 것일 테고 '우리'라는 울타리에 그 사람을 넣으면 특별해진다.

오랫동안 알고 지낸 친구 양진혁의 이야기이다. 양진혁은 20대 대학생 때 홍콩으로 여행을 갔다. 한국에서 혼자 갔지만 현지에서 모인 여행객이 관광지를 함께 다니는 종류의 여행이었다. 어느 날 모인 사람 중 유일한 한국인이 있었다. 자연스럽게 둘은 친해졌고 한국에서 사는 곳을 물어보니 같은 동네였다. 신기해하며 연락처를 주고받았고

여행하는 동안 함께 즐겁게 보냈다. 나중에 한국에 돌아가면 만나자고 이야기하며 헤어졌다. 그러나 모든 여행이 그렇듯 집으로 돌아와서도 만나는 인연은 드물다.

시간이 흘러 어느 날 우연히 동네에서 그 친구를 다시 마주쳤다. 반가운 마음에 커피를 함께 마시면서 홍콩 여행을 회상하며 이야기를 나눴다. 그렇게 몇 번 더 만났고 맥주 한잔을 같이 마시면서 친해졌다. 동네가 같아 시간이 날 때면 자주 만나며 많은 시간을 나누었고 어느 날 양진혁은 그 친구에게 자기의 여동생을 소개해 주었다. 그리고 둘은 잘 만나 1년 후 결혼했다. 우연히 여행하면서 잠시 만난 사이가 가족이라는 인연이 되었다.

이렇듯 일상에서도 우리는 여러 사람과 가볍게 스치거나 조금 더 깊게 마주한다. 한 번 업무적으로 만날 수도 있고 학원에서 1주일에 한 번 볼 수도 있으며 1년에 한두 번 모임에서 만나는 사람들도 있다. 그 사람들과 관계의 지속 여부는 만들기 나름이다.

기업 교육을 하는 강사끼리는 은근히 경쟁이 심하다. 강연장에서 만나면 묘한 탐색의 분위기가 흐른다. 더욱이 내가 강의할 수 있는 분야가 진입장벽이 낮다면 더욱 그렇다. 우연히 알게 된 어떤 강사가 있는데 나보다 나이는 어려도 강사 경력이 더 길어 나는 선배님이라 생각한다. 그날 강연장에서 명함을 건네며 간단히 인사를 주고받고 헤어졌다.

어느 날 그 강사가 갑자기 일이 생겨 출강하기로 한 곳에 갈 수 없는 상황이 되었다고 연락이 왔다. 급히 온 연락이었지만 마침 쉬는 날이라 대신 강의를 다녀왔다. 그게 인연이 돼서 강의 의뢰를 받았는데 일정이 겹치거나 해서 할 수 없는 날에는 나 또한 상대방을 추천도 해준다. 아가씨인 그녀는 아줌마인 나에게 연애 상담을 하며 이제는 동고동락하며 지내고 있다.

'내가 그의 이름을 불러주었을 때, 그는 나에게로 와서 꽃이 되었다… 우리는 모두 무엇이 되고 싶다.' 김춘수의 〈꽃〉의 일부분이다. 해석은 사람마다 다를 수 있지만 나는 여기서 이름은 '관심'이라고 생각한다. 인연은 상대방에 관심을 두는 데서 시작된다. 사람은 나를 기억해 주는 이를 마음에 둔다고 한다. 그래서 이런 이유로 나를 기억해 주길 바라는 마음에 예전에는 귀족이나 명사가 자신의 초상화를 남기고 싶어 했다고 한다. 드러나게 기증과 기부를 해서 자신의 이름을 새기는 것도 같은 맥락일 것이다. 알다시피, 스타벅스에서는 고객이라는 호칭 대신에 고객의 애칭(닉네임)을 부른다. 이 또한 고객과의 친밀도를 높이고 자기 브랜드를 러브 마크Lovemark하는 것이다.

나의 이름은 '혜리'인데 미국이나 유럽 등 국가에서 같은 발음의 해리는 남성에게 자주 쓰는 이름이다. 그래서 나는 승무원 시절 처음 승객을 대면할 때 내 이름이 한국에서는 여성에게 쓰는 이름이라며 재미있지 않으냐고 대화의 물꼬를 튼다. 그리 재미있는 얘기도 아닌데 승객은 손뼉 치며 웃는다. 그러면서 "12시간의 비행 동안 도움이나 필

요한 게 있으면 '혜리'를 불러주세요."라고 말한다.

비행하면서 매번 마주하는 승객 접대는 어떻게 보면 큰 의미 없이 반복되는 일일 수도 있다. 그러나 내가 조금 의미를 부여하고 대하면 이 승객은 나를 기억하고 회사에 이 직원에 대해 칭찬하고 싶다는 메시지를 보내기도 한다. 실제 그런 사례도 있었다. 나의 이런 모습을 본 다른 승객이 같은 한국인으로서 자부심을 느낀다며 칭찬 메시지를 회사에 보내 임원 표창을 받기도 했다.

살아가면서 지금까지 참 많은 인연이 있었다. 그리고 앞으로 그보다 더 많은 인연을 맺으면서 살아갈 것이다. 어찌 보면 한 번 후~ 불면 날아가는 사이지만 붙잡으려 들면 의미 없는 인연은 없다. 내가 어떻게 의미를 두느냐에 달린 일이다.

우연히 만난 사람이 모두 인연이 되는 것은 아니다. 의지와 상관없이 마주친 사람이지만 애정과 관심이 함께해야 우연이 인연이 될 수 있기 때문이다. 업무적으로 한번 만난 사람이 이제는 든든한 조력자가 되고, 저번 비행에 탑승했던 승객을 다른 비행에서 다시 보게 되면 그 비행은 수월해지는데 이것은 내가 얼마나 정성을 들이느냐에 따른 결과이다.

노벨 문학상을 받고 휴머니즘을 표현한 대표적 작가인 헤르만 헤세 Hermann Hesse는 인연에 대하여 다음과 같이 말했다. "인연이란, 시간과 공을 들여야 비로소 향기로운 꽃을 피우는 한 포기 난초이다."

향기 있는 첫인상을
만드는 비결

◖
▬
●

남과 교제할 때, 먼저 잊어서는 안 될 일은 상대방에게는 상대방 나름의 생활방식이 있으므로
혼란스럽게 하지 않도록 남의 인생에 함부로 간섭해서는 안 된다는 것이다.
–헨리 제임스(Henry James)

　재미있는 실험을 했다. 한 집단을 두 그룹으로 나누고 그룹에는 같
은 내용이 적힌 종이를 보여줬다. 다만 A 그룹에는 긍정적인 단어를
먼저 쓰고 부정적인 단어를 나중에 쓰게 했다. 예를 들어 예쁘다, 기
분 좋다, 상쾌하다, 깨끗하다 등등을 먼저 나열하고 그다음에 지저분
하다, 짜증 난다, 화가 난다, 더럽다 등의 말을 쓴다. B 그룹에는 반대
로 부정적 단어가 먼저, 긍정적 단어가 나중에 오도록 써서 읽도록 했
다. 그다음에 처음 보는 사람을 보여준 후 이 사람의 이미지에 대해서
말해보도록 했다. 놀랍게도 A 그룹은 이 사람에 대해 인상이 좋다는
둥 긍정적으로 표현했지만, B 그룹은 이미지가 안 좋다, 인상이 별로
라는 등 부정적으로 말했다.

이 실험 결과를 통해 사람은 처음에 인식한 이미지가 그 뒤에 접하는 것에 영향을 미친다고 알 수 있다. 우리는 이것을 무의식적으로 안다. 그래서 우리가 면접을 보거나 소개팅할 때 잘 차려입고 환하게 웃는다. 우리가 흔히 첫인상이 좋다고 하는 이 첫인상은 3초 만에 결정이 된다. 소개팅 장소에서 먼저 와 기다리는데 문을 열고 들어오는 그 사람의 모습을 보고 우리는 단 3초면 괜찮다, 별로다 판단한다.

이후 시간을 보내면서 내가 마음속으로 결정지은 그 사람에 대한 느낌을 검증한다. '역시 내 생각이 맞았어.' 또는 '웬일? 처음 봤을 때와 다른데?'라고 한다. 그리고 처음 그 사람한테 받은 이미지는 특별한 일이 없다면 변함없다. '첫인상은 별로였는데 알고 지내면 지낼수록 사람이 괜찮다.'라는 얘기 들어 본 적 있는가? 이렇게 좋지 않던 첫인상에 대한 인식을 반대로 바꾸는 데는 첫인상이 결정되는 3초보다 무려 이백 배의 시간이 걸린다. 당연히 첫인상을 좋게 하는 게 합리적인 결정일 것이다.

입사 면접에서도 지원자가 걸어올 때부터 면접관을 향해 정면을 보고서는 과정에서 첫인상이 결정된다. 성실한 이미지에 총기 있는 눈빛은 한 번에 상대방을 사로잡는다. 이미지만으로는 뽑지 않을 이유가 없다. 미소 띤 웃는 얼굴을 하고 있는데 평소에 잘 웃지 않는 사람은 이때부터 얼굴에 경련이 일어나기 시작한다. 양쪽 볼이 부들부들

떨리면서 나중에는 도대체 웃는 표정인지 무슨 표정인지 알 수 없는 얼굴이 된다. 그런 지원자를 마주할 때면 내가 오히려 괴롭히는 것 같아 미안해져서 눈을 차마 마주치지 못했다. 본인은 또 얼마나 힘들까. 이는 갑자기 웃으려고 하면 안 쓰던 근육을 움직이니 내 얼굴에 있는 근육들이 놀라서 그렇게 된다. 내 주인이 굳어있는 나를 갑자기 마구 끌어올리니 힘들어하는 모습 같다.

혹시라도 그저 가만히 있는데 옆에서 내 표정을 보고 누가 화났냐고 물어보면 거울을 보고 웃는 연습이 필요한 시점이다. 이를 계기로 삶이 달라질지도 모른다. '뒤센의 미소'는 의식적으로 웃는 웃음이 아니라 나도 모르게 빵! 터지는 웃음을 말한다. 자연스럽게 하하하 웃는 그 웃음이다.

미국에서 흥미로운 연구를 했다. 우리나라는 고등학교 졸업사진을 찍을 때 웃으면 혼나기 때문에 모두 똑같이 입 다물고 무표정하게 찍는다. 혹시라도 누가 이가 보이게 활짝 웃으면 사진 찍으시는 분이 "입 다무세요."라고 근엄하게 얘기한다. 생각해 보면 초등학교, 중학교, 고등학교 다 그렇다. 그런데 미국에서는 졸업생이 하고 싶은 대로 자유롭게 찍는다. 그런데도 무표정으로 찍은 사람과 뒤센의 미소로 찍은 사람을 구분하고 이들이 사회에 나가서 어떻게 됐는지 추적 조사했다. 소위 잘나간다고 하는, 소속된 조직에서 고속 승진을 하거나 높은 연봉을 받는 사람, 삶의 만족도가 높은 사람 가운데에서 자신이 행복하다고 생각하는 사람은 뒤센의 미소를 가진 사람이었다.

만약 처음 가는 약속 장소에서 길을 잃어 지나가는 사람에게 길을 물어봐야 한다면, 찡그린 얼굴을 하고 걸어가는 사람과 밝은 얼굴로 지나가는 사람 중에 누구에게 물어볼까? 또는 여행지에서 사진을 찍어달라고 부탁하려면 어떤 사람에게 말을 걸까? 포근하고 밝은 얼굴을 하면 사람들은 호감을 느끼고 다가오게 된다. 그런 사람에게는 당연히 자다가 떡이라도 생기겠지. 자연스럽게 자리 잡은 웃는 얼굴을 보는 사람도 마음이 편해지기 때문이다.

뒤센의 미소를 짓기가 생각보다 어렵다. 아버지께 사진 찍을 때 웃자고 얘기해도 보수적 성향이 강한 그 세대에서는 활짝 웃는 것이 뭔가 어색했다. 어떻게 만들 수 있을까 고민하다가 직접 방법을 연구했다. 학생들과 해보니 효과가 있었다. 얼굴 부위에서 미소를 만드는 근육은 크게 두 군데이다. 눈과 입인데 사람에 따라서 눈 미소 근육이 발달한 사람이 있는가 하면, 입 미소 근육이 발달한 사람이 있다. 한번 본인이 어떤 쪽에 속하는지 살펴보기 바란다.

이 방법은 셀프 체크와 트레이닝이 가능하다. 미소를 띠고 한 손으로 웃고 있는 입을 가리고 눈을 거울로 보라. 분명히 웃고 있는데 거울에 비친 눈은 그렇지 않다면 눈 근육을 더욱 움직여 줘야 한다. 반대로 눈을 가려보자. 그리고 손가락 사이를 살짝 벌려서 입 모양을 보면 입꼬리가 제대로 올라가 있지 않거나 한쪽만 유난히 더 올라가 있다면 입 근육을 활발히 움직여야 자연스러운 미소가 나올 수 있다. 부족한 부분의 근육은 과하게 움직여 줘야 한다. 혼자 있을 때 눈은 의식적으로 구부리고 입도 하마처럼 쫙쫙 벌려야 그동안 쓰지 않아 굳은 부위가 부드럽게 풀린다.

'즐거워서 웃는 때가 있지만, 웃기 때문에 즐거워지는 때도 있다.'는 말이 있다. 향기가 느껴지는 첫인상, 그리 어렵지 않다. 첫인상을 결정하는 단 3초. 얼굴 한가득 상대방을 향해 짧은 이 순간만 미소 지을 수 있다면 나의 이미지는 상대방에게 또 만나고 싶은 그 사람으로 기억될 수 있다.

라떼 언니가
되지 않는 법

◀
◠
●

남이 당신에게 관심을 갖게 하고 싶거든, 당신 자신이 귀를 닫고 눈을 감지 말고
다른 사람에게 관심을 표시하라. 이 점을 이해하지 않으면,
아무리 재간이 있고 능력이 있더라도 남과 사이좋게 지내기는 불가능하다.
－로랜스 굴드(Lawrence Gould)

　　라떼 언니는 '나 때는 말이야~'로 시작해서 자신이 어땠는지, 얼마
나 힘들었는지 말하면서 지금 세대는 얼마나 편하게 사는 건지 훈계
아닌 훈계를 하는 꼰대를 비꼬는 말이다. MZ 세대인 나도 20대 때는
윗세대가 어렵기만 했다. 내가 그 윗세대가 되는 걸 상상하기는 더 어
려웠다. 누구나 자신이 하던 방식을 그대로 유지하려 한다. 나이가 많
거나 자신이 속해 있는 곳에서 위치가 높을수록 더욱 일관되게 말하
고 행동하려는 욕구가 강하다.

　　그런데 어떠한 무엇에 의해 이 일관성이 무너진다면 불쾌하거나 긴
장하고 결국 그 긴장감을 완화하려 든다. 드라마에서 보면 부장님이
나 사장님 같은 높은 분이 하시는 얘기에 누가 반기를 들 때면 흠흠!

헛기침을 하면서 기·승·전 자기 얘기로 마무리 지으려고 애쓰는 모습 한 번쯤은 보았을 것이다.

생각해 보면 내가 신입 사원 시절에도 라떼 언니, 라떼 아저씨는 늘 있었다. 지금도 비행을 하는 후배에게 언제 상사가 꼰대로 생각되는지 물어봤다. 모두 입을 모아 상사가 옛날이야기 많이 하면서 '요즘은 그때 같지 않다.'라고 하실 때란다. 그리고 마무리는 요즘 애들을 비방하면서 끝나나 보다. 그 요즘 애들이 자기 앞에서 말 들어주는 사람인데 말이다.

후배는 '나 때는 말이야'라는 말이 나오는 순간 그냥 꼰대로 여긴단다. "예에~ 네네!"라고 대답하고 뒤돌아 얼마나 뒤통수 따갑게 말하는지 모르실 거다. 누구나 자기가 겪어보지 않은 건 절대 공감할 수 없다는 것을 왜 모를까. 그러나 아무리 세대 차이를 느끼더라도 우리는 젊은 세대와 살아가야 한다. 그게 사회이다. 그럼 소위 라떼 언니라는 소리를 안 들으면서 공감대를 형성하려면, 존경까지는 아니어도 인생 선배로 인정받으며 살아가려면 어떻게 해야 할까?

학교에서 강의를 맡고 시작하게 된 첫 수업에서 학생들 때문에 놀랐다. 내가 대학생이었을 때는 교수님이 그렇게 어렵고 멀게만 느껴졌고, 학점이 생각보다 낮게 나왔어도 그 이유를 물어보는 건 꿈도 못 꿨다. 하지만 요즘은 자신이 생각한 학점보다 낮게 나오면 이의신청은 당연하고 앞에서 강의하는 사람이 있더라도 들을 것은 듣고 카톡으로 친구와 대화를 주고받는다.

다른 학교에서 강의했을 때도 마찬가지였다. 몇 번의 같은 경험을 하고 나서 '이건 틀린 게 아니라 달라진 거구나. 잘못된 게 아니라 변한 거구나. 신선하네.'라고 생각했다. 그리고 내 사고방식도 흐름에 맞게 바꿔야겠다고 결심했고 학기가 시작되는 첫 주 오리엔테이션 시간에 다음과 같이 공지했다.

"내 수업을 듣기로 한 여러분은 모두 내 고객이라고 생각해. 나를 특이하다고 생각해도 좋아. 내 수업에서만큼은 수업을 듣다가 너무 배고프면 밥을 먹어도 되고 졸리면 자도 된다. 대신 수업 중에 배달 음식은 오지 않도록 자장면이나 치킨 등과 같은 음식은 안 되고 옆 사람에게 실례되는 냄새나는 음식도 금지. 졸리면 담요 가지고 와서 덮고 자도 된다. 혼자서 하는 행동은 소리만 안 나면 뭐든지 가능해. 게임을 하든 카톡을 하든 다른 과목 과제를 하든 상관없어. 내 과목 공부를 안 해서 성적이 안 좋은 건 자기 몫이니 그건 자기가 책임지면 되는 거지.

대신 절대 안 되는 것은 떠드는 것. 비싼 등록금을 내고 이 자리에 앉은 사람에게는 강의를 들을 권리가 있어. 그것을 침해하는 것은 절대 안 돼. 혼자서는 무엇을 해도 좋으니 한 가지만 지켜주길 바란다."

학생들은 처음에는 뭔가를 먹어도 되는지, 잠을 자도 되는지 눈치를 봤다. 어느 날 한 학생이 내 표정을 살피면서 샌드위치를 책상 아래에서 살짝 꺼내 먹기에 "당당하게 꺼내 먹어! 내가 분명히 말했잖아. 공부도 배가 적당히 부르고 정신이 맑아야 할 수 있는 거야. 다 먹고살자고 하는 거 아니겠니? 그것만 먹으면 뻑뻑하니까 물도 좀 마시고."라고 했다. 또 조는 학생을 옆 친구가 쿡쿡 찌르며 깨우기에 그냥 두라고 했다. 아르바이트하고 과제하고 1교시 수업 듣기가 얼마나 힘들겠느냐고 말이다. 몇 주가 지나자 아침 식사를 못 하고 오면 간단히 요기하는 학생도 있고 졸리면 아예 편하게 자는 학생도 생겼다.

물론 앞에서는 자리에서 무엇을 하는지 다 보인다. 이때 수업에 집중하지 않는 학생이 보여도 안 보이듯 수업을 하는 것은 내 몫이다. 그러다 한 번은 내가 당부한 것을 잊은 건지 옆에 뒤에 친구와 신나게 떠들어서 주의를 주었다. 그런데 호의가 반복되면 권리라고 생각한다고 하지 않는가. 아랑곳하지 않고 떠들어서 아예 나가라고 했다. 강의를 그만두면 그만뒀지 그런 태도로 수업을 듣게 할 수는 없었다.

물론 내가 한 행동이 정답이라는 건 아니다. 하지만 학기를 마무리하고 종강하던 때에 한 학생이 말했다. 이 수업은 엄청난 자유를 주는 것 같은데 뭔가 이상하게 책임감이 생긴다고. 그런데 맘은 편하게 수업을 들었다고 말이다. 단지 나이만 많이 든, 그래서 고리타분하게만 느껴지는 라떼 언니가 되지 않는 길은 이들이 잘못됐다고 생각하는 게 아니라 달라진 모습을 있는 그대로 받아들이는 것이다.

또 한 가지 MZ 세대가 이해 못 하는 꼰대 행동은 한 가지 일로 의견 차이가 있을 때 나이나 지위에서 나오는 자기 말을 고집하는 모습이라고 한다. MBTI 검사가 한창 유행이었다. 학기 중에 같은 유형의 성격별로 모여서 조를 만든 적이 있었는데, 자신과 같은 사람의 성격의 특징을 살펴보고 애칭을 지어보았다. 진단 후 같은 성격끼리 앉다 보니 처음 대화를 나눠보는 학생들도 있었다.

그런데 어느 한 조의 아이들이 유난히 서로 말을 안 하기에 다른 조에 슬쩍 가서 물어보니 그 조의 한 명이 어린 꼰대라서 같은 조원이 싫어한다는 거였다. 왜 어린 꼰대냐고 물었더니 동급생보다 한 살 많다고 엄청 어른인 것처럼 굴었나 보다. 그래서 자기 마음대로 결정하고 권위적으로 행동해서 꼰대라고 했다. 한두 살 차이야 별것 아닌데 생색을 내니 못마땅했나 보다. 이런 것을 보면 꼭 나이 차이가 라떼를 만드는 건 아닌 것 같다.

지금 우리는 유례없는 세대 갈등을 겪고 있다고 한다. 물론 윗사람에게 무조건 수긍해야 하는 예전에 비하면, 젊은 세대가 자신의 권리를 찾은 것 같아서 부럽기도 하고, 다행이다 싶기도 하다. 하지만 한편으로는 씁쓸한 마음을 지울 수는 없다. 그건 내가 그런 혜택을 누리지 못해서가 아니라, 다소 이기적인 모습, 양보하지 않는 개인주의를 맞닥뜨렸을 때 느껴진다.

하지만 그 세대가 아닌 이상, 다른 세대의 고충과 아픔을 윗세대는 그저 어림짐작할 뿐이다. 그렇다면 어린 세대를 이해하려고도 이해시키려고도 하지 말자. 마음의 여유가 있다는 것, 좀 더 세상을 먼저 살아 깨달음이 조금이라도 있는 어른은 이런 변화를 받아들이고 인정하는 사람이라고 생각한다.

그래서 내가 라떼가 되지 않기 위해 MZ 세대의 행동을 그냥 인정하고 그 결정을 응원하려고 노력한다. 혹시라도 감사하게도 도움을 청하면 그때 도와주면 된다. 여기서 "내가 그때는 말이야." 하면서 공감 제로의 얘기만은 제발 접어두자. 그들은 예전의 나를, 그때를 전혀 궁금해하지 않는다.

너와 상대의 자존감을
높이는 비결, 칭찬

◖
▪
●

진심으로 좋아하라. 누구나 자기를 좋아하는 사람을 좋아한다.
-퍼블릴리어스 사이러스(Publilius Syrus)

우리는 칭찬을 좋아한다. 누가 나에게 내가 듣길 원했던 칭찬을 한다면 그 사람은 나와의 마음의 거리는 가까워진다. 칭찬의 빈도가 잦아지면 더 가까워질 것이다. 상대방이 듣고 싶은 말을 해주는 사람은 한마디로 민감하다고 할 수 있다. 상대방의 마음을 금방 읽을 수 있는 능력자이다. 나를 잘 알고 많이 사랑하면 다른 사람의 상태나 마음을 살펴볼 수 있다.

나라는 인간을 두고 이쪽에서도 보고 저쪽에서도 본다. 지금의 내 모습이 되기까지 좋았던 점들과 취약한 부분이 어떤 사건 때문에 생겼는지를 누군가의 상담이나 설명이 아니라 혼자서 알 수 있다면 자존감은 훨씬 금방 높아질 수 있다. 그리고 잘 성장한 나를 스스로 칭찬해 준다. 잘해왔다고 말하면서 내 속을 텅 빈 쭉정이가 아닌 자신감이라는 알맹이로 채운다. 과즙이 팡팡 터질 정도로 꽉 차면 일전에 내가 겪었던 것과 같은 아픔의 삶이 진행 중인 사람, 어떤 환경 속에서 영향을 받아 눈빛이 무거운 사람 또는 이 사람은 어떤 성격의 사람일지가 비교적 쉽게 눈에 보인다. 격려와 위로로 상대방을 칭찬해 줄 수 있다.

호의적인 사람은 타인을 비판하지 않는다. 어른이건 아이이건 모두 칭찬받는 걸 좋아한다. 나는 그 이유가 사람은 자기를 알아주기를 원하기 때문이라고 생각한다. 그래서 누군가의 특징을 인정해 준다. 역시 너는 센스 만점이라든지, 일머리 하나는 타고나서 같이 일하고 싶은 사람으로 모두 너를 꼽는다는 둥 어떤 내용을 막론하고 나를 인정해 주길 원한다. 그래서 이런 얘기를 들으면 나의 능력을 인정받았다고 여긴다.

SNS를 하는 이유도 이와 같은 맥락이다. 내가 올린 게시물에 사람들이 좋아요를 누르거나 열광하면 계속 공유하고 싶고 내 행동을 어떻게 생각할지 궁금하다. 이건 정도만 지나치지 않는다면 관종이라고 표현하기보다는 지극히 인간 내면에 있는 욕구 중 하나라고 볼 수 있다. 오죽하면 소설 《톰 소여의 모험》으로 유명한 미국의 문호 마크 트웨인 Mark Twain은 '칭찬은 한 번 들으면 두 달은 즐겁다.'라고 표현했을까.

김태민은 수업 때마다 눈에 띄는 남학생이다. 면담해 보면 생각도 깊다. 수업에 늦지 않는다. 그런데 수업 시간에는 분위기를 흐리고 소란을 피운다. 잠을 자면 차라리 수업에 방해가 되지 않는데 큰소리로 잡담하니 신경이 많이 쓰였다. 다른 수업에서도 역시 똑같았다. 그러니 떠들지 마라, 왜 반 분위기를 흐리느냐, 소란 피우면 안 된다는 말은 해봐야 크게 도움이 되지 않을 게 뻔했다. 그래서 어떻게 할까 고민하다가 나는 내 수업의 반장을 맡아보라고 제안했다.

"나는 지난 학기 유심히 너를 보았어. 이번 학기에 네가 반장을 맡아준다면 잘할 것 같아. 조금 산만하긴 하지만 지각도 한번 한 적이 없고, 졸지도 않잖아? 수업 준비를 도와주고 수업 분위기를 방해하는 학생들을 좀 자제시켜주면 내가 강의하기가 수월해질 것 같은데?"

따끔한 야단을 예상했던 이 아이는 생각지도 못한 나의 제안에 흠칫 놀란 눈치였고 잠시 머뭇거리다가 해보겠다고 했다. 나는 제안에 응해줘서 고맙다고, 난 널 믿는다고 덧붙였다.

놀랍게도 다음날 태민이는 다른 모습이었다. 내가 봐도 놀랄 정도로 말이다. 이건 나아지는 정도가 아니었다. 내가 눈치 못 챌 정도의 잡담을 누가 약간이라도 하기만 하면 나서는 바람에 내가 그 정도는 괜찮다고 할 정도였다. 면학 분위기가 좋아진 건 당연하고 이 변화는 다른 학생들에게도 동기부여가 되었다. 학기를 마무리하면서 어쩜 그렇게 한 번도 소홀함 없이 열심히 반장 역할을 해줄 수 있었는지 물었다.

"누군가가 저에게 너니까 잘할 수 있을 거라는 칭찬을 해준 게 처음이거든요."

너는 이걸 정말 잘할 것 같다고, 너보다 잘할 사람은 없다는 얘기를 스무 살이 되도록 한 번도 들은 적이 없었는데 내가 처음으로 자기를 칭찬해 준 사람이었단다. 그래서 반장이 된 날부터 전날 반장으로서 마음가짐을 하고 잠자리에 들었다고 했다. 이처럼 관점을 달리하여 누군가를 칭찬하면 엄청난 변화가 일어날 수 있다.

말이란 거듭해서 반복할수록 실체화된다고 한다. 이는 실험으로도 증명이 되었다. 1968년, 미국의 심리학자 로버트 로젠탈Robert Rosenthal 은 초등학교 학생과 선생님을 대상으로 한 가지 주목할 만한 실험을 했다. 교사들에게 거짓으로 지적 능력과 학업이 향상될 수 있는 학생을 구별해 낼 수 있는 테스트를 개발했다고 말했다. 학생을 상대로 지능 검사를 한 후에 검사 성적과 상관없이 무작위로 20퍼센트를 뽑아 명단을 교사에게 주면서 지적 능력이 뛰어나거나 향상 가능성이 높은 아이들이라고 하였다. 그러자 결과를 받은 교사가 결과를 토대로 학생에게 더 많은 관심과 기대를 부여했고, 학생은 학생대로 자신이 특별하다는 기대감이 반영되면서 실제로 명단에 속한 학생들이 다른 학생들보다도 더 점수가 높게 나타났다. 이렇듯 타인의 기대나 관심으로 인해 좋은 결과를 얻게 되는 현상을 로젠탈 효과Rosenthal Effect라고 한다.

　상대방과의 관계를 내가 원하는 대로 만들고 싶다면 칭찬하라. 칭찬은 자신감을 길러주는 쉽고 강력한 방법이다. 평범한 나를 뛰어난 사람으로 만들어 줄 수 있고, 게다가 칭찬으로 우호적이고 친밀한 관계가 형성될 수 있다. 이는 나의 가치를 인정받는다고 느끼기 때문이다. 한 번의 칭찬, 작은 칭찬, 지나가는 칭찬이 모이고 쌓여 나와 상대방을 자존감 높게, 우리의 관계를 더욱 단단하게 만들어준다.

칭찬 잘하는 법,
칭찬에 잘 반응하는 법

대부분의 사람은 내 편도 아니고 적도 아니다. 또한 자신이 무슨 일하거나 자신을 좋아하지
않는 사람들은 있기 마련이다. 모두가 자신을 좋아하기를 바라는 것은 지나친 기대이다.
－리즈 카펜터(Liz Carpenter)

    딸아이와 3달간 미국에 머물 때였다. 오래된 아파트식 집에 살다
보니 이런저런 작은 고장으로 손볼 곳이 종종 생겼다. 한 번은 화장실
에서 양치질하고 있는데 머리 위로 물이 왈칵 쏟아졌다. 더러운 물을
뒤집어쓰고 난방도 안 되어 덜덜 떨며 머리를 말렸다. 긴 연휴 기간이
라 며칠을 꼬박 고생했다. 연휴 뒤에 오신 분이 장장 몇 시간을 고치
느라 애쓰셨다. 천장을 올려 보고 3분만 있어도 목이 아픈데 수리공
은 수리한다고 3시간은 족히 걸렸으니 얼마나 힘드셨을까? 다행히 수
리가 잘 되었고, 감사한 마음에 집에 있는 초코칩 쿠키를 지퍼백에 조
금 담아 드렸다.

    그분은 한 손에 쿠키를 건네받고는 "원래 당신은 다른 사람에게 이

렇게 대하나요?" 하고 물었다. "별건 아니지만 수리하느라 점심도 못
드셔서, 좀 미안하기도 하고 고맙기도 해서요."라고 대답했다. 그랬더
니 "신의 모든 축복이 전부 당신에게 갔으면 좋겠어요, 세상의 모든 사
람이 당신과 같다면!" 하며 떠났다.

물론 미국식 표현인 '갓 블레스 유God Bless You!'가 일반적인 호의 표
현이지만, 세상 사람이 전부 나 같고 하나님이 줄 수 있는 모든 축복까
지 다 받으라니…. 좀 당황해서 고맙다고 손을 흔들고 인사했는데 그
분의 눈빛에 진심이 담겨있었다. 그 따뜻한 미소에 내가 오히려 더 고
마웠다. 몇 개의 쿠키가 나에게 큰 감동이 되어 돌아왔다. 문화가 달
라 표현의 차이가 있기 때문이었겠지만 처음 들어보는 기분 좋은 칭
찬이었다. 이처럼 이왕에 누구에게 칭찬을 해준다면 늘 들어봤을 법
한 표현보다는 익숙하지 않은 말로 전해 보는 것도 좋겠다.

마이너리그에서 오랜 시절 고생하다가 메이저리그로 올라가서 골
든글러브 같은 상을 받는 선수가 하나같이 마이너리그 시절의 코치에
게 공을 돌린다고 한다. 코치가 "넌 크게 될 거야. 저번 주보다 타율이
훨씬 나아졌어. 오늘처럼 힘든 상황에서도 좋은 컨디션을 유지할 수
있다는 게 너의 강점이야!"와 같이 칭찬해주며 용기를 준 덕분에 더욱
열심히 연습하게 됐다는 것이다. 이렇게 자기의 가능성을 믿어 주고
높이 평가해 준 사람에게는 진심으로 감사하고 그의 편이 된다. 이러
니 인간관계를 위해서도, 자신의 성장을 위해서도 칭찬만큼 큰 힘을

발휘하는 것이 또 있을까 싶다.

《인간관계론》의 저자 데일 카네기Dale Carnegie는 자신의 묘비명에 이렇게 썼다고 한다. '자기보다 현명한 사람들이 주변에 모이는 방법을 터득한 사람, 이곳에 잠들다.' 이렇게 우아하게 자신보다 상대방을 칭찬하는 방법을 표현할 수 있다니 놀랍다. 그의 저서에는 가출한 주부에 대한 연구에서 집을 나간 이유로 '칭찬 부족'을 들었다.

학기 동안에도 다이어트는 계속 신경쓰지만, 방학을 하면 일주일에 6일을 1시간 이상 운동한다. 그런데도 슬프게 예전처럼 살이 잘 빠지지 않는다. 어느 날 남편에게 "나 살 하나도 안 빠진 것 같지?" 하고 물었다. 체중이 거의 달라지지 않은 걸 알면서도 묻는다. 그런데 이 사람이 이렇게 말한다. "솔직히 말해도 될까? 몰라보게 날씬해졌다거나 야위었다는 생각은 들지 않아. 그런데 상당히 건강해 보여. 날씬하지는 않은데 늘씬하고 탄탄해. 이렇게 달라진다니 놀랍다. 나도 운동해야겠는데?" 이는 기대했던 대답이 아니었어도 이런 말을 들으니 기분이 좋았다.

이렇듯 상대방이 듣고 싶어 하는 말을 내 의견과 덧붙여 표현해서 말하기가 칭찬하는 요령이다. 칭찬도 진심이 담기면 그 힘은 어머어마하지만 어설픈 칭찬은 그저 입에 발린 소리로만 들릴 수도 있으며 누구나 쉽게 그런 건 구별해 낼 수 있다. 바로 칭찬과 아첨의 차이는 진실성이다. 칭찬의 중요성에 대해 인식한 이후 인사치레로 칭찬하려면 입을 다물자고 늘 생각한다. 칭찬의 무게가 가볍다면 나보다 상대방이 먼저 안다. 칭찬은 추상적인 것보다는 조금 구체적으로 하는 것이 좋다. 특정 행동이나 특정 부분을 분명하게 예를 들어 칭찬하면 훨씬 진심으로 느껴져 기분 좋게 받아들여진다.

칭찬하는 법을 어느 정도 알게 되었으면 상대방의 칭찬에 대해서 어떻게 반응해야 좋을지 살펴보자. 혹시 이런 경험해 본 적 있는가? 나는 진심으로 칭찬했는데, 상대방은 떨떠름한 표정으로 정색하는 바람에 무안했던 경험 말이다. 아니면 극구 아니라고 부인한다면 칭찬한 내 마음이 살짝 무안해지기도 한다.

상대방의 칭찬이 어떤 의도였건 칭찬에 대한 반응으로는 기쁜 표정으로 "아, 정말요? 감사합니다!"라고 밝게 응대하는 게 제일 좋다. 이런 대처라면 나의 의도와는 무관하게 나의 반응 때문에 상대방이 무안하거나 서운한 마음이 들지는 않을 것이다. 칭찬하는 사람은 자신의 생각이 옳다고 판단하고 말하는 것이기 때문에 동의하는 표현을 해 주어야 한다. 누군가에게 칭찬받는 건 기분 좋은 경험이다. 그러니 너무 많은 생각을 하지 말고 즐거운 기분을 만끽하길 바란다.

때로는 예의를 내려놓고
한 발 더 가까이

너의 길을 가라. 남들이 뭐라고 하든지 내버려 두라.
-알리기에리 단테(Dante Alighieri)

    승무원 시절, 우리 팀은 런던행 비행을 위해 브리핑을 마치고 다 같이 회사에서 식사를 했다(항공기 이륙 후 기내 서비스가 어느 정도 마무리될 때까지는 식사할 시간이 없어 승무원들은 회사에서 식사하고 항공기에 탑승한다). 나는 그때 입사한 지 1, 2년 남짓 된 주니어 승무원이었다. 식사 후 팀장님이 기분 좋게 커피를 사시겠다고 했다. 열 명 정도의 팀원이 주문하는데 처음 한두 명이 아메리카노를 말하니 연달아 같은 메뉴를 말했다. 아무래도 팀장님이 사주시니까 원래 자신이 마시는 커피를 얘기하기 부담스러웠나 보다.

    내가 주문할 차례가 돼서 "저는 아이스 캐러멜 마키아토 큰 걸로 먹겠습니다. 그런데 캐러멜 시럽은 조금만 주세요. 덜 달게."라고 했더니 팀원들이 이런 눈치 없는 것, 다 같이 먹는 걸로 대충 먹을 것이지 꼭 여기서 자기 입맛대로 먹어야겠냐는 눈총을 주며 소리 없이 입 모양으로 막 뭐라고 한다.

순간 나는 아차 싶었다! 그런데 팀장님이 나를 보시더니 "야, 너 소신 있다. 좋아. 아주 맘에 들어. 막내야, 비행하면서 내가 꼰대같이 굴거나 맘에 안 드는 거 있으면 말해줘라. 다들 내가 좋다고만 하는데 그 말을 믿을 수가 있어야지!"라고 말씀하셨다. 이를 계기로 가끔 난 팀장님께 큰 언니 대하듯 어려운 말을 스스럼없이 터놓기도 했다.

팀을 마치고 헤어질 때 팀장님은 나에게 이렇게 말씀하셨다. "막내야, 팀장은 외로운 거다, 내 월급에는 그 외로움 비용도 포함되어 있지. 그런데 어려움 없이 솔직하게 말해주고 행동해 줘서 고맙다."

우리는 늘 예의 바름을 중요하게 생각한다. 당연히 적정선을 지켜 예의 있는 태도가 중요하다. 그러나 때로는 그 예의를 살짝 내려놓는 게 인간관계에 도움이 되기도 한다.

사람과 사람 간의 거리를 연구한 인류학자 에드워드 홀^{Edward T. Hall}이 말한 개인적 공간이 있다. 이 거리는 네 가지로 구분할 수 있는데 거리가 가까울수록 나와 친한 사이라고 보면 된다.

연인이나 가족과 같은 친밀한 관계의 사람들과 나와의 거리는 45센티미터이다. 아마 그 정도는 바로 옆에 서 있는 정도일 것 같다. 이 정도 거리는 상대방의 숨소리나 향수 냄새까지도 맡을 수 있을 만큼 가까운 거리다. 편안하게 엄마 품에 안긴 아기나 자연스럽게 손을 맞잡고 걷는 연인을 생각하면 상상하기 쉽다.

그다음은 내가 팔을 뻗었을 때의 거리인 45센티미터에서 1미터의 거리인데 에드워드 홀은 이것을 '개인적 거리'라고 표현한다. 가족같이 편하진 않지만 내가 호감이 있어서 편한 정도를 의미한다. 같은 직장 동료나 학교 동기, 또는 친구 정도가 서 있을 거리일 것이다. 친한 친구보다는 조금 먼 친구를 생각하면 좋을 것 같다.

그리고 1미터에서 4미터의 거리는 사회적 거리라고 한다. 내가 업무적으로 만나야 하는 사람들을 예로 든다면 내가 강의할 때라든지, 입사 면접을 볼 때 만나는 사람 정도다.

마지막 네 번째는 공적인 거리로 4미터 이상의 거리를 말한다. 다수가 모인 장소에서 연설하거나 입학식에서 단상과 좌석과의 거리가 그 예이다.

남자친구가 내 손을 잡으면 아무렇지 않지만 길을 지나가고 있는데 모르는 사람이 갑자기 확 나한테 뛰어들면 반사적으로 뒷걸음질 친다. 그 사람과의 거리는 4미터 이상이 되어야 하기 때문이다. 강의할 때 내가 칠판 앞에 서서 얘기하면 학생들이 아무렇지도 않다가 가까이 다가가서 질문하면 눈이 커지고 얼굴이 빨개진다. 그런데 가끔 나와 좀 친한 학생에게 다가가서 뭔가 물어보면 입꼬리가 씰룩거리면서 얼굴에 화색이 돈다. 아마 나를 생각하는 학생의 마음의 거리가 좁기 때문일 것이다.

대학원생 시절, 석사과정 때 학교 복도에서 동기들과 이야기하면서 걷고 있는데 저 멀리 원로 교수님이 걸어오고 계셨다. 그때 나는 몇몇 동기와 함께 있었다. 워낙 재미있게 듣던 수업이라 저 멀리 보이는 교수님을 보고 나도 모르게 양손을 흔들며 인사했는데, 옆에 동기들은 깍듯하게 허리 숙여 인사했다. 나의 모습을 보고 동기들은 생각이 있냐면서 무례하다고 하기에 그냥 반가워서 나도 모르게 신나서 그렇게 했다고 대답했다. 생각보다 반사적으로 몸이 먼저 반응할 때가 있는데. 그리고 나중에 그 교수님은 자유로운 모습이 인상적이었다면서 나에게 특강 기회를 제안하셨다.

기업 강연을 하다 보면 강단 높이가 좀 높은 곳이 있는데, 그런 곳은 무조건 아래로 내려와 강연한다. 고객을 나보다 아래의 위치에서 보면서 말한다는 건 어쩐지 불편하기 때문이다. 그리고 강연이라는 게 늘 오프닝 때는 딱딱하다. '저 사람은 무슨 얘기 하나, 처음 보는 저 강사는 무슨 얘길 할까?' 하면서 시큰둥하게 바라본다.

나는 강연을 시작하면서 '저는 들이대는 강연자인데 이런 게 부담스러우시면 저는 멘탈이 강해서 괜찮으니 대놓고 싫다고 말해달라.'고 한다. 그리고 2시간 강연하면서 신나게 하이 파이브도 하고, 눈물을 흘리시는 분은 안아 드리기도 한다. 그때 우리의 거리는 4미터에서 1미터로, 때로는 그 이하로 줄어든다.

저 멀리 강단에 서서 내내 내려오지 않고 강연하는 건 누구나 할 수 있다. 첨단 기술로 개발된 나 닮은 물체가 대신 해도 그만이다. 진짜 찐 강의는 얼마나 잘 말하느냐가 아니라 우리의 마음이 통하느냐이다. 그렇게 짧지 않은 강의를 마치고 돌아가는 길에 강연을 들으신 분과 같이 택시를 타게 되면 이젠 강사의 자리는 잊은 채 아줌마와 아줌마로, 워킹맘과(나) 자영업 사장님(그분)으로 만나 오히려 내가 좋은 얘기를 듣는다. 택시비는 공짜 강의 들었으니까 당연히 내가 낸다.

인간관계에서 나와 상대가 4미터라면 가끔 2미터쯤으로 들어와도 괜찮다. 무례하지 않다면 그 거리를 확 좁히는 게 뜻밖에 좋은 관계로 발전할 수 있다. 물론 살아가면서 예의는 중요하지만 때로는 예의 차리다 좋은 기회를 놓칠 수도 있다. 위치나 지위로 인해 느끼는 거리감을 줄이려면 진실한 마음으로 상대방을 대한다. 상대방과 한 발 더 가까워질 기회는 마음에서 시작된다.

지금 주변에 찐이라고 표현할 수 있는 사람 중에서 동갑내기를 제외하고 나보다 한참 나이가 많거나 어린 사람이 있다면 그들의 공통점을 찾아보라. 그것은 아마 격의 없이 상대방을 편하게 대하는 태도일 것이다. 격은 사이를 가로막는 간격을 의미하며 무례함과는 다른, 사람과의 사람 사이의 그 간격이 좁다는 것이다. 나보다 나이가 훨씬 많아 상대방을 불편할 정도로 깍듯하게 대하는 것은 내가 그 격을 넓히는 것과 같다.

친근감의 정의는 사귀어 지내는 관계가 아주 가까운 느낌이다. 느낌, 즉 인식하는 감정이다. 이는 주관적으로 자신이 판단하는 감정이다. 이 친근감은 갈등과 문제 해결에 중요한 요인이다. 무례하지 않은 수준의 친근한 태도! 이는 나의 솔직한 생각과 의견을 조금 편안하게 다가가 표현할 수 있는 태도이다. 이것이야말로 상대방과 내가 친근감을 형성하여 찐의 관계가 될 지름길이다.

공감의 기본,
내 기준을 버리는 것

◖
╍
●

롱런(Long run)하려면 롱런(Long learn)해야 한다.
-배한성

'힘들다.'는 상태는 상대적이다. 상처가 나 봐야 얼마나 아픈지 알
수 있다. 내가 볼 땐 상대방이 평평한 모래를 밟고 있는 것 같지만 그
사람이 자신은 뾰족한 가시를 밟고 서 있는 것 같다고 하면 그건 가시
밭인 거다. 그러니 쉽게 단정 지어 얘기하지 않아야 하겠다. 당사자의
마음 상태가, 삶의 깊이가 어떤지 모르는 상황에서 쉽게 판단해서는
안 된다.

자, 눈앞에 나무, 톱, 망치, 도끼가 있다. 이 중 가장 관련이 없는 것
하나를 꼽는다면 당신을 무엇을 선택할 것인가?

자신의 직업이 만일 목수이거나 벌목을 해야 한다면 망치를 뽑을
것이고, 도구라는 관점에서 바라본다면 가장 거리가 먼 나무를 선택

할 것이다. 이 퀴즈가 일깨우는 바는 나의 관점이 아니라 상대방의 관점에서 본다면 내 생각만 정답은 아니라는 점이다. 인간관계에서 나는 옳고 남은 틀린 경우는 거의 없다. 함부로 상대방의 아픔을 가늠할 수 없는 것, 그것을 깨닫는 것만으로도 성숙한 마음가짐이다.

사람들은 나이가 들면서 점점 고집은 세지고 남의 말은 듣지 않는다고 한다. 그래서 사람들은 어린아이를 좋아하고 젊은 사람을 좋아한단다. 나이를 먹으면 자신의 철학과 가치관으로써 상대방을 대하기 때문에 이런 말이 있을 것이다. 그리고 자신의 틀 안에서 상대방을 다름이 아닌 틀림으로 규명한다.

30대부터 60대까지의 연령대 사람이 함께하는 모임에서 이런 어려움을 논한 적이 있다. 30대 MZ 세대가 말했다. "저는요. 제일 어려운 게 어른이에요. 제 얘기에 공감을 전혀 못 해요. 예전 같았으면 어땠다 그래요. 편해서 그런다고⋯ 죄송한데 꼰대라고 하는데요. 고쳐야 하거나 실현이 어려운 부분에 대해서 이해해달라고 해도 도무지 바뀌지 않아요. 자기 기준에 안 맞으면 잘못됐다고 해요. 같이 일하기 힘들어요."

그러자 60대 어른이 말했다. "일단 꼰대 대표로서 사과할게요. 미안해요. 테이블 밑에 들어가고 싶은 마음이네요. 그런데 이렇게 나이를 먹으면 학생, 신입 직원이 아니라서 더 배우고 경험하면서 머릿속에 채울 게 없어요. 누가 가르치지도 않고요. 그래서 내 경험과 지식만으로 상대를 보기 때문에 그런 것 같아요."

　나의 은사님이신 한 교수님은 조금 다르다. 마찰이 있거나 나와 다른 의견을 말하는 사람에 대해서 반기를 들기보다는 그 사람 입장에서는 그럴 수도 있다고 하시면서, 고통은 상대적이기 때문에 본인이 고통스럽다고 하면 고통이라고 하신다. 이것이 50대임에도 불구하고 자신의 어려움을 토로하는 20대 학생과 깊은 대화를 나눌 수 있는 비결인 듯하다. 내 기준을 버리면 공감할 수 있다. 의학자 헬렌 리스^{Helen Ries}는 '공감하기 위해서는 객관적 감정을 읽는 것이 중요하다.'고 하였다. 이는 나의 기준을 배제하고 감정 이입하는 것과 같은 맥락이다.

　나에게 있는 기준은 경험에서 만들어지고 한쪽으로 치우쳐 있다. 이렇게 형성된 가치관은 잘 변하지 않는다. 그리고 나와 같은 생각을 하는 사람을 우리 집단으로 여기고 다른 생각을 하는 사람을 외집단이라고 구분한다. 외집단이라고 여기면 나와 다른 의견을 가지거나 생각이 다른 이는 틀렸다고 판단하기 쉽다.

　그렇다면 어떻게 나의 기준을 물리치고 상대방을 볼 수 있을까? 먼저, 내 기준에 대해 고칠 것을 권하는 사람의 조언을 기분 나쁘게 듣거나 흘려버리지 말고 그 이유를 생각해 본다. 상대방의 단점이나 개선되어야 하는 부분을 말하려면 용기가 필요하다. 진심으로 그 사람을 위하는 마음이 없이는 더 어려운 일이다. 그러니 그 내용을 객관적으로 보아야 한다. 내 기준에 맞서 본다. 나의 기준을 이제 마주 서서 고쳐나가야 한다.

또한 내 기준이나 고정관념과 생각이 다른 사람을 만나보며 나와 다르게 대처한 사례를 접한다. 이러다 보면 나의 기준이 편협했다고 알게 되고 생각이 전보다 보편타당하게 바뀐다. 다양한 시각을 들어보며 나의 기준을 내려놓는다. 주변에 나와 다른 연령대, 직업, 성격의 사람들과 함께 지내보면서, '나의 시각이 이렇다.'고 알려주는 이에게는 오히려 고마워해야 한다. 그만큼 나를 성숙하게 하는 계기가 되어줄 테니 말이다.

친근감의 정의는 사귀어 지내는 관계가 아주 가까운 느낌이다. 느낌, 즉 인식하는 감정이다. 이는 주관적으로 자신이 판단하는 감정이다. 이 친근감은 갈등과 문제 해결에 중요한 요인이다. 무례하지 않은 수준의 친근한 태도! 이는 나의 솔직한 생각과 의견을 조금 편안하게 다가가 표현할 수 있는 태도이다. 이것이야말로 상대방과 내가 친근감을 형성하여 찐의 관계가 될 지름길이다.

SELF-ESTEEM

우리와 자존감의
연결고리

선입견을 넘어
이해의 크기를 키우는 법

‹
‐
●

사람들은 행복해지려고 마음먹은 만큼 행복해질 수 있다.
-에이브러햄 링컨(Abraham Lincoln)

50대 중반의 정수진 팀장은 일과 결혼했다고 주변에서 말한다. 깐깐하고 꼼꼼한 성격에다 팀원들의 고충을 들어주기보다는 더 좋은 업무 성과를 내기 위해 고민한다. 휴일 아침에는 노트북을 켜고 회사 사이트에 접속하며 하루를 시작한다. 해외에서 머물 때는 몇 명의 팀원과 모든 걸 함께 하는 것을 좋아해서 식사, 쇼핑 등 많은 일을 같이 한다.

매년 팀이 배정될 때면 팀원끼리 팀장에 대한 정보를 돌린다. 내가 소속된 팀의 팀장이 선호하는 근무 성향이나 일할 때 주의해야 하는 내용이다. 그런데 정수진 팀장은 기피 대상이었다. 그런 정수진 팀장이 나의 상사가 되었고 그렇게 팀 생활이 시작되었다. 우리 팀에서 내 위치는 위에서 세 번째였다. 팀장, 부팀장 다음이 나였다.

팀장과 한두 번 비행하고 밥도 같이 먹다 보니 나중에는 화장실 가고 잠자는 시간만 빼고 같이 지냈다. 식사할 때도 알아서 음료와 메뉴 준비, 쇼핑, 옷을 입고 벗는 모든 걸 같이하고 각자 방에 들어가서 잠들기 전까지 얘기를 나누었다. 다른 팀원은 나를 안타깝게 보면서도 함께 하려 하지는 않았지만, 난 이 일이 중간관리자의 역할이라고 생각했고 불만은 없었다. 팀 생활하는 동안 내가 이 일을 할 테니 다른 팀원은 자유롭게 지내라고 당부했고 이렇게 몇 달간 시간을 보내면서 정수진 팀장에 대해 알 수 있었다.

팀장님이 한 번은 몸이 좋지 않다며 호텔에서 쉰다고 하셔서 식사 후 돌아오는 길에 약을 사서 드렸다. 그리고 나서 몸이 회복된 후에 다시 나와 둘이 식사를 했는데, 그당시 아무도 몰랐던 당신의 얘기를 하셨다.

"나도 내가 직원들이 기피하는 팀장인 걸 알아. 회사에서 까탈스럽기로 유명한 것도 알고. 결혼도 안 한 게 아니라 사랑에 실패해서 못 한 거야. 나는 새로운 팀이 생기면 작년보다 좋게, 더 잘 지내고 싶은데 팀원을 마주할 때면 나에 대해 이미 알고 있다고 생각해서 오히려 경계하게 하는 것 같아. 그래서 상대방이 나에 대해서 아는지 모르는지 먼저 살피게 되다 보니 마음이 더 불편해져."

이런 말씀을 듣고 보니 '정 팀장이 꼰대라서 팀원과 함께하는 것을 좋아한다, 성격이 그렇기 때문에 결혼을 못 했다.'와 같은 떠도는 소문이 참 크게 다가 왔다. 지식으로 습득한 선입견은 내가 습득한 정보와 경험을 해석하는 과정에서 강화된다. 정 팀장 같은 성격이기 때문에 결혼을 못 했다는 의견도 그래서 나온다. 이것이 반복되면 강한 견해가 형성되어 다른 관계의 사람에게도 무의식적으로 이를 적용하여 대하게 된다. 이렇듯 그 업계에서 좋지 않은 성격으로 유명하거나 특이하다고 소문이 난 사람은 본인도 그걸 잘 알고 있다. 그런데 경험해 보니 나와 다른 것이지 나쁜 것은 없어 보였다. 나를 괴롭히는 게 아니라면 말이다. 어차피 같이 일하며 지낼 사이라면 단순히 피하기보다는 그냥 순수한 인간 대 인간으로 다가가면 어떨까? 나와 꼬인 관계가 아닌데 피한다고 해서 좋을 건 없다.

정 팀장님과 감성 교감을 하고 난 후 이제는 밖에서도 만나는 편한 사이가 됐다. 아마 나와 같이 팀 생활을 했지만, 소문을 진실이라고 생각하고 팀장님을 슬슬 피하다가 팀이 끝난 사람은 그 팀장은 '혹시 나가 역시나였다.'며 소문대로 이상했다고 생각할 것이다. 그리고 그 둘의 관계도 자신의 기억대로 단절되어 혹시나 다시 같이 비행하지 않게 되길 바랄 것이다. 팀장은 모든 팀원의 업무능력을 평가한다. 색안경을 끼고 소문을 믿는다면 손해 보는 건 자신일 수도 있다.

소문은 소문일 뿐 그게 사실인지는 내가 겪어보고 판단해도 늦지 않다. 특이하다, 이상하다의 기준은 따로 없다. 무엇이든 내 기준에서 나쁘다고 볼 수 있지만 그 사람의 기준에서는 당연할 수 있다. 게다가 상대방의 행동이 이상하고 특이하다고 여기면서 '대부분은 그렇지 않은데, 원래 그렇게 하는 게 아니야.'라며 나의 말을 정당화한다. 그러나 오히려 이 생각이 그 사람을 나의 틀에 맞추는 수단일 수 있다.

선입견으로 보는 관계를 푸는 일이 단지 동료 사이에서만 일어나지는 않는다. 기업에서도 늘 고객과 꼬인 관계를 해결해야 할 문제 일 순위로 생각한다. 기업에 불만이 있는 고객 한 명이 네 배의 부정적 효과를 가져온다고 한다. 한 사람이 그 기업에 대해 화가 나면 친구, 가족 등 최소 네 명에게 좋지 않게 말하고, 이를 간접적으로 들은 네 명은 직접 이용해 보지 않았어도 부정적으로 인식한다고 한다. 선입견이 이렇게 무섭다.

사적인 관계에서 누군가와 갈등이 생겼을 때 내 말이 옳은지, 내가 얼마나 억울한지 친한 사람에게 털어놓는다. 물론 내가 불리한 부분은 약간의 각색도 하고 합리화도 한다. 흔히 상대방에 대한 안 좋은 소문을 알고서 내가 상대방을 접하면 아무리 안 그러려고 해도 사전에 들은 정보를 생각해 낸다. 그리고 나도 비슷한 일을 겪으면 '역시 소문대로'라고 생각해 버린다.

그러나 관계를 맺기 위해서는 생각의 전환이 필요하다. 1+1=2가 정답이라는 수식에는 이견이 없을 텐데, 1+1=1이라고 한다면 아마 틀렸다고 생각할 수 있다. 하지만 나와 사랑하는 사람이 만나 연인이 되는 것이 하나라고 생각한다면 이 등식도 답이 될 수 있다.

지금 내가 누군가에 대해 선입견이 있다면 이제부터 순수하게 바라라 보려 노력해 보자. 이를 위해서는 나와 비슷한 위치, 연령, 직업의 사람과 지속적인 관계를 맺으라고 추천한다. 접촉이 빈번하지 않으면 오히려 나의 선입견이 옳다고 판단할 수 있다. 자신과 비슷한 연령이나 직업을 가진 사람에 대해서는 공통된 부분이 있다고 생각하기 때문에 선입견을 줄이는 데 효과적이며 오랜 시간을 공유할수록 그 효과는 커진다.

사람을 변화하게 하는
주위 환경

◀
◠
●

당신을 더 나은 사람으로 만들어줄 사람들과만 어울려라.
-오프라 윈프리(Oprah Winfrey)

4월 서울가정법원 소년 법정에서 재판이 진행되었다. 열여섯 살 소녀는 오토바이를 훔친 죄로 피고인석에 앉아 있다. 김 판사는 판결을 하기 전 차분하고 따뜻한 목소리로 자신이 하는 말을 따라 하라고 했다. 예상치 못한 상황에 놀란 소녀는 대답하지 못하고 머뭇거렸다. 김 판사는 이렇게 말했다.

"자, 크게 따라 해 봐. 나는 세상에서 가장 멋있다. 나는 무엇이든 할 수 있다. 나는 두렵지 않다. 나는 혼자가 아니다!"

"나…는 세…세상에서… 가…장 멋있다. 나는… 무엇이든… 할… 수 있다… 나는…두렵지 않다! 나는…나는….."

소녀는 마지막 부분에서 결국 울음을 터뜨렸다. 이를 보고 있던 소녀의 어머니와 법정에 있던 사람도 함께 울었다. 소녀는 이미 열네 건의 절도와 폭력 혐의가 있었기 때문에 이번 처분은 상당히 무거울 것으로 예상했다.

그런데 김 판사는 판결문에서 이렇게 말했다. "이 소녀는 가해자로 재판정에 섰습니다. 그러나 이렇게 망가진 모습을 보고 누가 쉽게 가해자라 말할 수 있을까요? 이 아이에게 잘못이 있다면 자존감을 잃어버린 것입니다."

소녀는 공부를 매우 잘했고 간호사를 꿈꾸던 학생이었다. 어느 날 집으로 오는 길에 여러 남학생에게 집단 구타를 당했고, 이 일로 충격을 받은 소녀의 어머니는 전신 마비 증세를 보였다. 꿈을 잃고 절망으로 들어간 이 소녀는 자신을 폭행했던 남학생들을 원망하며 어머니에게도 미안한 마음이 들었다.

'왜 하필 나에게… 그날 그 일만 없었다면. 예전으로 돌아갈 수 있다면….'라는 후회와 함께 아무도 도와주지 않는 세상을 비관했다. 결국 소녀는 집을 나갔고 떠돌며 가출 청소년과 함께 생활하다 이런 잘못을 저질렀다.

김 판사는 소녀에게 말했다. "이 세상에서 가장 중요한 건 너야. 이 사실을 잊지 마. 그럼 지금처럼 힘든 일도 잘 이겨낼 수 있을 거야. 널 꼭 안아주고 싶은데 우리 사이를 법대가 가로막고 있어 내가 이 정도밖에 해줄 수 없구나."

우리는 마주하는 사람을 보고 지금의 모습을 판단하고 평가한다. 나와 다른 생각이 있거나 다른 행동을 하면 이상하다고 하거나 특이하다고 한다. 결과가 좋으면 '웬일? 운이 좋았네.'라고 하거나 결과가 나쁘면 그럼 그렇지. 하여튼 참 이상하다니까? 그러나 환경이 사람을 그렇게 만들었을 수도 있다.

재미있는 실험을 했다. 연령이 80대인 사람을 모아 30년 전 나이를 써 명찰처럼 붙이고, 한 공간에 모았다. 여든세 살 김 씨 할아버지는 쉰세 살, 여든다섯 살 이 씨 할머니는 쉰다섯 살, 그 공간은 30년 전 그들이 생활했던 곳 그대로를 재현해 놓았다. 오늘 날짜, 내가 지금 마시고 있는 음료수 병, 흘러나오는 뉴스 소식, 평소 즐겨 듣던 음악까지 모두 다 30년 전 그대로이다. 실험 대상자들은 일정 기간 그곳에서 생활한 후 건강 상태를 확인했다. 이 방에 들어가기 전 이들은 혼자서 똑바로 걷지 못하거나 계단을 오르내리는 것이 힘든 상태였다. 그러나 놀랍게도 이곳에서 생활한 후 모두가 실험에 참여하기 이전보다 더 건강한 상태가 되어 있었다. 이 실험이 의미하는 것은 이 환경은 가짜이지만 내가 그곳에 있으면서 마치 30년 전의 내가 된 것 같은 기운을 느끼는 것이다.

이처럼 우리는 환경에 쉽게 영향을 받는다. 우리가 상대와 맞닥뜨린 상황은 어쩌면 그 사람이 겪었던 환경을 보지 않은 채 결과로만 마주하는 것일 수도 있다. 그래서 우린 누군가의 행동을 손가락질하고 나의 잣대를 대려고 하기보다는 왜 그렇게 했는지, 어떤 생각이었는지 한번 고려할 필요가 있다. 그것이 그 사람에게는 최선일 수도 있기 때문이다. 그러니 한 번쯤은 '아마도 그 상황에서 그렇게 했던 것은 어쩔 수 없었겠구나. 그럴 만도 했네.'라는 관점에서 바라보는 여유를 가져보면 어떨까.

상대방의 말을 찰떡처럼
알아 들어주는 방법

◖
⌃
●

행복한 사람은 특별한 환경 속에 있는 사람이 아니라
어떤 특별한 마음 자세를 갖고 살아가는 사람이다.
-휴 다운즈(Hugh Malcolm Downs)

사람은 자기와 생각이 같은 사람을 좋아한다. 힘들어하는 문제를
해결해 주기보다 그 마음을 헤아려 주면 더 위로된다. 대화할 때 말하
는 사람이 의도한 대로 상대방은 얼마나 알아들을 수 있을까? 우리가
아무리 열심히 말해도 받아들이는 쪽에 단 20퍼센트만 전달된다고 한
다. 그 정도면 성공적인 의사소통이라고 한다. 그러므로 내가 그 이상
을 듣길 원한다면 말하는 사람에게만 집중해야 한다. 딴생각, 휴대전
화를 잠시 접어두고 오로지 그 사람에게만 집중해 보자. 말, 눈썹 올
림, 고개 흔드는 모습, 입 모양, 손의 움직임까지. 그러면 그 사람의 내
면의 기분까지 느낄 수 있다. 그렇게 몰입하고 상대방의 생각과 같은
내 얘기를 해보면 상대는 자신과 잘 통한다고 할 것이다.

우리는 모두 사연과 경험을 쌓아가면서 살아가는데 자신이 처한 상황이 가장 힘들다고 느끼면서 살아간다. 사건과 사고에 달린 댓글에도 내 처지를 하소연하는 부분을 심심찮게 볼 수 있다. 각자 지금 겪고 있는 일이 가장 힘들다고 생각하기 때문에 주변 누군가가 느끼는 아픔이 보이지 않을 때가 많다.

신혼 때는 집안일을 하고 대학원을 다니며 비행한다는 게 힘들긴 했지만, 출산하고 육아가 더해지니 차원이 달랐다. 매일매일 그날의 할 일을 메모하지 않으면 놓치는 일이 많았다. 만약에 이런 내게 결혼하지 않은 동기나 비행을 그만두고 아이를 키우는 친구가 힘들다고 하면 그 친구의 말이 끝나기도 전에 "아이고, 배부른 소리 한다. 나 어떻게 사는지 들어볼래?"라는 말이 먼저 툭 나올 것이다. 그러면 아마 다시는 그 친구는 나한테 힘들다고 말하지 않을 것이다. 내 얘기를 듣고 나니 자기는 편하게 산다고 생각해서가 아니라 나에게 전혀 위로받지 못했기 때문이다. 누구나 자신의 힘듦을 알아주길 바라고 위로받고 싶어 한다.

오랜 시간 가족만큼 친하게 지냈던 친구로부터 상처받았을 때 그 괴로운 마음을 토로하는 사람에게 "우정이 어디 평생 갈 줄 알았냐, 가족 빼면 원래 다 남이야." 하고 말한다면 어떨까. 영원할 줄만 알았던 사랑하는 연인이 떠나 그 상실감에 밤잠을 이루지 못하고 전화하고픈 마음에 휴대전화기를 몇 번이고 들었다가 놨다가 하고, 함께 했던 사진을 천천히 하나씩 보여 이별을 실감하지 못해 우는 사람에게 "또 다른 사랑이 오려는 거야." 한다면 도움이 될까? 그 사람에게도 새로운 사랑을 맞이할 준비가 되어야 한다. 떠난 흔적을 지우는 데에는 시간이 필요하다.

이제는 눈빛만 보아도 서로의 마음을 아는 회사 선배가 있다. 선배는 퇴사하려는 마음이 들어 그 고민에 대해 이만 번쯤 생각했는데 항상 답이 예스로 나와 미련 없이 그만두었다. 아무것도 하지 않겠다고 마음먹은 이후 '직장에 대해 아쉬움이 이젠 없겠다.'는 생각이 든 나이는 20대 후반이었다. 10년이 훨씬 지난 지금까지 온유하게 잘 지내는 그 선배는 우리 가족 사이에서도 진리녀로 통한다. 성을 붙여 엄진리라고 부른다. 지금은 중년의 나이에 접어들었지만, 그 이상의 연륜이 느껴지는 말 때문에 붙여진 별명이다.

엄진리는 다른 사람과 대화할 때 꼭 상대방이 되어서 말한다. 같은 상황이라도 그 사람이 귀걸이의 모양이면 귀걸로, 목걸이면 목걸이 모양으로 똑같이 바꾸어서 얘기를 들어준다. 실제 말하는 사람의 생각이나 가치관을 자신도 원래 그렇게 생각하고 있던 것처럼 듣는다.

이런 사람은 계속 만나고 싶은 생각이 든다. 이런 사람이 나에 관한 따끔한 지적을 해도 반발심이 드는 게 아니라 누가 내게 이런 말을 해주겠느냐는 생각이 들면서 받아들이게 된다. 엄진리의 화법은 잔잔한 물결과 같다. 오랜 시간을 함께했지만 흥분해서 높은 어조로 말하거나 급해서 빨리 말하는 걸 본 적이 없다. 깊은 호수에 돌을 던져보면 파문이 금방 잔잔해지는 것처럼 늘 평화로운 호수 같다. 우문현답으로 나에게 늘 명쾌한 답을 주는 엄진리는 아마도 수많은 책에서 그 길을 얻는 것 같다. 혼자 의자에 앉아 고요함 속에서 많은 사례를 보고 접하는 게 그렇게 좋다고 한다. 힘든 일이 생기면 좋은 일도 그만큼 온다는 격언을 믿는 엄진리는 오늘도 그 말이 맞음을 증명하며 살아간다.

사용하는 언어가 달라도 그 사람의 마음을 헤아릴 수 있다. 비행하다 보면 유쾌한 일만 있는 건 아니다. 외국에서 오랜 생활을 하다가 아버지가 돌아가시는 자리를 지키러 고국으로 가는 분을 담당한 적이 있다. 한국말을 거의 하지 못하시고 영어가 능숙하셨던 승객에게 뭐라 위로의 말을 해야 할지 몰랐다.

여느 승객과는 다르게 그분에게 제공하는 기내식만큼은 차마 맛있게 드시라는 말은 못하고 무겁게 내려놓게 된다. 즐거운 마음으로 신혼여행객에게 제공하는 식사와는 무게가 다르다. 그분은 천천히 내려놓는 식사 트레이를 보고 내 얼굴을 보았다. 둘 다 눈에는 약간 눈물이 글썽이면서 말없이 잠시 마주 보았다.

공감할 때 진심이 먼저라면 이는 어렵지 않다. 사람들은 나의 말을 잘 알아들어 주고, 내가 듣고 싶어 하는 말을 해주는 사람을 가장 좋아한다고 한다. 누구나 다 인정받고 싶어 하기 때문이다. 인간은 내가 살아가는 이유와 의미를 확신해야 한다. 내가 듣고 싶은 말을 상대방이 해 주었을 때 인정받고 있다고 여기며 나의 존재감을 확인한다. 이로써 내가 살아갈 이유가 충분하다고 느끼게 된다고 하니 공감의 힘은 얼마나 위대한가.

삶은 정답을
정해두지 않았다

내 생각이 꼭 옳지만 않다는 것을 흐르는 시간이 가르쳐주었다.
-이은재(에세이스트)

같은 팀에 소속되어 있는 정서연과 박은영은 일 처리 방식이 다르다. 어떠한 일을 할 때 한 명은 미리미리 계획을 세워 놓고 중요한 것부터 하나씩 처리하는 반면, 다른 한 명은 모든 일을 한 번에 벌려놓고 되는대로 처리한다.

장거리 비행에서 첫 번째 기내식 서비스가 끝나고 승무원이 교대하는 시점에 정서연은 사부작거리며 해야 하는 업무를 해놓는다. 다 마치고 나면 미흡한 부분을 점검해 본다. 반면에 박은영은 한 번에 몰아서 할 일을 해두고 앉아서 쉰다.

회사에 보고해야 하는 일이 있어 다음 달까지 둘이 함께 처리해야 하는데 이 둘은 서로의 방식이 달라 피곤하고 답답하다. 하나하나 차분하게 진행하지 않고 며칠 동안 미루고 안 하다 갑자기 한꺼번에 일하는 상대방의 일 처리 방식이 이해되지 않는다. 서로 힘들다고 나에게 불만을 이야기하는데 신기하게도 내가 볼 때 정서연과 박은영의 업무 처리결과는 비슷하다. 보고서의 내용을 보면 대동소이한데 그 과정에서 서로 스트레스를 많이 받고 감정도 상했다.

우리가 살아가면서 사는 방법에 정답이 정해져 있다고 착각한다. 정답의 기준을 만들어 놓고 거기에 맞지 않으면 불행하다고 느끼고, 어쩌다가 내가 거기에 적합한 조건을 갖추면 성공이라도 한 것처럼 으쓱해진다. 물론 오랜 시간 굳어진 자신만의 틀을 깨기가 쉽지 않다. 하지만 어떠한 계기라도 좋으니 본인이 그 틀을 깨는 계기가 왔을 때 그것을 놓치지 않고 '이게 나의 삶을 오히려 힘들게 하고 있었구나.'라고 깨달으면 홀가분해진다.

누구나 그렇듯 나도 꿈을 이루기 위해 치열하게 달려왔다. 감사하게도 내가 원하던, 되고 싶던 일을 하게 되어 나는 잘 살고 있다고 말이 안 되는 명분을 내세우며 어깨에 힘이 꽤 들어갔다. '나처럼 이렇게 열심히 하는 사람이 어디 있어. 이게 대단한 거지. 난 생산적인 삶을 살 거야. 내 주변을 봐도 나처럼 사는 사람은 없어. 난 잘하고 있어.'

그러다가 딸의 친구 엄마를 알게 되었는데 자신의 사회적 커리어를 포기하고 아이 양육에 힘쓰면서도 보람을 느끼면서 사는 모습을 보고 나처럼 살아가는 것만 잘 사는 것이라고, 내가 정해둔 사는 모습이 정답이 아닐 수도 있다고 깨달았다.

밝고 늘 오두방정인 한 후배는 승무원을 꿈꾸다 면접에서 탈락해 다른 직업을 찾았다. 지금 그 아이는 베이커리 사장님이다. 매일 직접 만든 한정판 빵만 팔아서 오전에 영업이 마감된다. 빵을 사지 못한 손님이 늘 줄을 서 있다. 가끔 이 후배는 이런 성과를 자랑하기 위해 전화한다.

살림하는 아내가 꿈이었던 다른 후배는 5년을 달콤하게 연애하고 결혼했다. 결혼식장에서 그 후배가 좋아 보였다. 그런데 이후 현실은 달랐다. 2년간 심하게 싸우고 결국 성격 차이로 이혼해 매일 일상을 옭아맸던 사람과 헤어졌다. 처음에는 상실감과 허무함에 힘들어했다. 그리고 얼마 지나 그 후배를 보니 자유롭다. 퇴근 후에는 영화 보고 쉬고 주말에는 배우고 싶었던 그림을 그린다. 후배는 지금이 참 좋다고 말한다.

자기 삶에 대한 정답을 만들어 두었다면 그것이 내가 행복에 이르는 최선의 길이라고 여기기 때문이다. 그런데 우리의 삶에서 정답은 정해져 있지 않다. 그러니 잘 살아가기 위해서는 자기 이해가 무척 중요하다. 우리에게는 '내가 어떤 삶을 선택했을 때 가장 행복한지'를 잘 찾아가는 과정이 필요하다. 그것이 잘 사는 방법이 무엇인가에 대한 답이다.

자기 이해를 잘하는 사람은 자신에 대한 삶의 기준과 사는 방법을 현실적으로 접근할 수 있고 타인의 삶의 방식에 대해서도 유연하게 이해할 수 있다. 하지만 그게 안 되면 비현실적인 인생의 정답을 만들어 놓거나 상대방이 살아가는 방법에 잘잘못을 따지고 고치려 한다. 꼭 뭔가를 이루고 소유해야 잘 사는 게 아니라 각자 살아가는 삶의 모양과 방식이 다를 뿐이다.

우리는 내가 생각한 삶이 정답이라고 믿는다. 오답이면 불행하다고 생각한다. 자기 이해가 부족한 탓이다. 목표로 한 곳에 취업하면 날아갈 듯 기쁠 것이다. 사랑하는 사람과 결혼하면 행복할 것 같다. 그러나 취업을 못 한다고 불행하거나 그 사람과 이혼한다고 내 삶이 불행한 것은 아니다. 나는 바람대로 안 될 수도 있다는 이해가 되어야 한다.

우리는 어려서부터 모든 문제에는 정답과 오답이 있다고, 중간은 없고 오답은 틀린 것이라 여겨왔다. 그러나 삶이라는 문제는 다르다. 정답도 오답도 없다. 그래서 후회할 필요도 없고 내가 고른 답을 정답으로 여기며 살면 된다. 하고 싶다고 그대로 되지 않고 하기 싫어도 상황은 만들어져 간다. 그렇게 또 흘러간다. 지금 내가 직면한 그곳에서 좋은 점, 그것에서 행복을 찾자. 이것은 내가 한 결정에 따르는 책임과도 같다. 마주선 그 상황에 내가 있는 까닭은 내가 선택했기 때문이고 그게 잘한 선택이 되기 위해서는 좋은 점, 긍정적인 시각으로 찾는다. 그리고 찾은 점을 기꺼이 받아들이면 된다.

잘 들어주는 사람이
말 잘하는 사람보다 인기 많은 이유

남의 말을 경청하는 사람은 어디서나 사랑받을 뿐 아니라 시간이 흐르면 지식을 얻게 된다.
-윌슨 미즈너(Wilson Mizner)

"일단 내 말 좀 들어봐. 내 얘기 아직 안 끝났어."

우리가 무의식중에 자주 하는 말이다. 어린아이부터 어른까지 살펴보면 사람은 다른 사람의 말을 듣기보다 자기 이야기를 하고 싶어 한다. 아이는 엄마를 하루에 수십 번을 더 부르고 얘기를 쉬지 않고 한다. 친구에게, 연인에게 우리는 오늘 경험한 일이 얼마나 재미있었는지, 잠시 보던 영상이 얼마나 슬펐는지 말하고 싶어 한다. 그러나 오롯이 상대방의 얘기만을 듣기가 왠지 어렵다. 자꾸 딴생각이 들고 내 의견을 말하고 싶어진다. 그럴 기회가 없으면 졸리고 재미없다.

우리에게 귀는 두 개, 입은 하나인 이유가 있다고 한다. 많이 듣고 말은 조금만 하라는 의미란다. 그런데 우리는 자주 반대의 행동을 한다. 말 잘하는 방법을 가르치는 학원이 많은데 잘 듣는 방법을 가르쳐 주는 학원은 본 적이 없다. 어쩌면 자기 생각과 의견을 잘 전달하는 데에만 집중하고 있지는 않은가.

우리는 하루에 얼마나 많은 말을 하고 살까? 그리고 그 말은 얼마나 상대방의 머릿속에 남아있을까? 대부분은 공기 중에 사라질 것이다. 아무래도 말을 많이 하면 실수도 잦아지기 마련이다. 한 번은 2시간 동안 강의한 내용을 녹음해서 들어봤는데 대단치도 않은 얘기를 하고 뜬금없이 던지는 말도 있었다. 그러니 일상에서의 대화는 더 할 것이다.

실제 연구 결과에 따르면 말을 많이 하는 사람일수록 거짓말하는 횟수가 더 높다고 한다. 물론 여기에는 사소한 거짓말, 선의의 거짓말도 포함된다. 20대부터 40대까지를 대상으로 조사한 결과, 우리는 하루 평균 세 번 거짓말하는데, 업종에 따라서든 성향에 따라서든 말을 많이 할수록 거짓말의 횟수도 많아져 약 8분에 한 번 정도 거짓말을 하였다.

신나게 말하고 뒤돌아섰을 때 뭔가 허전한 마음이 든 적 있는가? 속시원하게 말하면서 시간을 보냈는데 말이다. 그것은 내 속에 모든 걸 쏟아내고 비워 배고픈데 그 허기를 다른 사람의 말로 채우지 않고 와서 그렇다. 이왕이면 나는 한마디를 하고 이를 물꼬로 상대방이 더 많이 말하게 해보라. 말을 줄이면 실언하거나 본의 아니게 거짓말을 하지 않게도 된다.

'동료는 회사가 나에게 준 선물'이라고 생각하는 직장 동료가 있다. 앞으로도 같이 갈 든든한 내 편이다. 우리가 함께 모이면 시간 가는 줄을 모른다. 어느 순간 각자 자기 하고 싶은 얘기를 해도 재미있다. 아마 이때 각자의 귀는 닫아두는 모양이다. 그러다 한 명이 나서서 정리하면 조금 진정이 되면서 귀를 열기 시작한다. 이런 사이라면 상대와의 대화가 어렵거나 서먹할 일도, 상대방이 말하도록 대화를 이끌 필요도 없다.

그런데 잘 모르는 사이라면 얘기는 달라진다. 업무상 만나는 김지유는 나와 공통점이 별로 없다. 그런데 1년에 한두 번은 강의 진행 때문에 만나는 관계다. 이런 사이는 나와 나이 차이도 나고 성격도 달라서 얘깃거리를 찾기 어렵다. 갑자기 취미가 뭐냐, 평소에 뭐 하냐고 묻기도 어색하다. 그럴 때 상대방의 관심사가 무엇인지 생각해 보면 대화가 훨씬 쉬워지고 빨리 친해질 수 있다.

김지유는 외모에 관심이 많다. 유심히 그 사람을 관찰해 보고 알았다. 착용한 귀걸이와 반지, 구두를 보니 알 수 있다. 화려한 반지가 눈에 띄어서 그런 독특한 디자인의 반지를 처음 본다고 했다. 그러고 나니 반지를 언제 샀는지, 어떤 의미가 있는지 오랫동안 듣게 됐다. 그 반지와 매칭이 잘 되는 구두를 얘기하자 구두 이야기가 한바탕 펼쳐졌다. 급기야 앉은 자리에서 3시간 동안 나는 김지유의 남자친구 얘기까지 들었다. 반지에서 시작된 얘기가 나중에는 등장인물이 열 명

은 더 나왔다. 그렇게 시작된 첫 만남으로 이제는 강의를 기획할 때 가장 먼저 나에게 의뢰한다.

누구나 세상의 주인공이 되고 싶어 한다. 내 인생에 나를 엑스트라로 세우고 싶은 사람은 없다. 잘 들어주는 사람은 그런 인간의 본능을 이해하고 이로써 상대방의 마음까지도 연다. 그런데 잘 들으려면 마음을 좀 비워야 가능하다. 자기 얘기를 하고 싶고 자기 말을 들어주길 바라는 마음으로 꽉 차 있다면 다른 사람의 말이 끝나기도 전에 "그건 그렇고, 있잖아", "응, 알았어. 근데 내가 어제 말이지." 하고 서둘러 하고 싶은 말을 할 것이다. 상대방이 말할 때 표정이 어떤지, 신이 나서 말하는지, 슬퍼서 그걸 알아주길 원하는지 등에 집중하면 그 사람에 대해 잘 알 수 있고 공감할 수 있다.

그렇다면 대화의 시작을 어떻게 할 수 있을까? 흔히 처음 보는 자리에서는 날씨 얘기가 무난하다고 한다. 그러나 단순히 오늘 날씨가 좋다든지, 따뜻해서 외출하면 좋겠다는 말은 금방 그 대화가 끊길 수 있다. 관심 없는 내용이고 대화를 이어갈 소재가 없기 때문이다. 미세먼지가 심한 요즘 어떻게 생활하는지, 코로나로 힘들 때 살이 자꾸 쪄 고민이었는데 홈트레이닝을 이렇게 해 봤다 등 좀 세세하게 접근하면 대화를 길게 이어갈 수 있는 소재가 무궁무진하다.

자신이 사람들과 있을 때 말을 많이 하는 편이라면 상대방의 귀를 조금 쉴 수 있게 해주자. 나에 관해 무엇인가 궁금하면 물어보겠지.

그런데 내가 생각했던 것보다 남들은 나한테 관심이 없다. 죽어라 굶고 살을 빼서 3kg을 감량하고 배고픈 걸 참고 나선 자리에서 나의 체중이 줄어든 걸 바로 알아차리는 사람은 몇 없었다. 며칠째 다듬지 못해 거울을 보면 거슬리는 내 눈썹을 쳐다보는 사람은 아무도 없었다. 이제 그 시선을 나에서 상대방에게 돌려본다. 그러다 보면 사람들이 늘 만나고 싶어 하고 보고 싶어 하는 그 자리에 내가 있을 것이다. 사람은 자기의 얘기를 잘 들어주는 사람을 선호한다.

경청에서 중요한 것은 상대방의 얘기를 챙겨 듣고, 상대가 기대했던 것 이상의 하나를 더 해주는 것이다. 더 들어주고 더 공감해 주자. 상대방의 말을 들으면서 한 번 내가 말하고 싶어도 참고 한 번 더 들어준다. 이것을 '엑스트라 마일Extra Mile'이라고 한다. 이것은 한 걸음 더 나아가 상대방이 기대하지 않았던 것까지 해준다는 의미이다. 탑승권 확인을 해야 하는 승무원이 면세점 쇼핑 때문에 탑승이 늦어 헐레벌떡 들어오는 승객에게 "일단 더우실 텐데 시원한 물 한잔 드세요."라면서 땀 닦을 물티슈도 함께 제공하는 것, 간단한 서류를 출력해 달라고 했는데 날짜별로 분류하여 표시한 뒤 파일에 각각 나누어 주는 행동과 같은 것들이다.

그냥 넋두리를 하고 싶은 사람에게 격하게 맞장구와 손뼉 치며 그 불만을 들어준다면 그 사람의 마음은 뜨거워진다. 기대했던 것보다 더 마음을 썼기 때문이다. 자기가 어떤 얘기를 꺼내 놓았는데 더 말해

달라며 상대방이 몸을 기울이면 묘하게 더 빠져들게 된다. 이렇듯 잘 들어주기 위해서는 엑스트라 마일이 필요하다. 자기 얘기, 나만의 철학이 바르다고 일방적으로 말하는 사람보다 잘 들어주고 격하게 동조해 주는 사람이 당연히 인기가 많지 않을까? 인기는 당신의 태도에 달려 있다.

변해버린 그 사람을
잘 받아들이는 법

먼저 스스로 마음의 평온을 유지해야 다른 사람도 평온하게 만들 수 있다.
-토마스 아 켐피스(Thomas a Kempis)

한 현명한 스승에게 젊은 제자가 있었다. 그런데 제자는 모든 일에 웬 불만이 그렇게 많은지 늘 투덜거렸다.

어느 날 아침, 스승은 제자를 불러 소금을 한 줌 가져오라 하고 소금을 물컵에 털어 넣게 하더니 그 물을 마시게 했다. 그러자 제자는 얼굴을 잔뜩 찡그리며 그 물을 마셨다.

스승이 물었다.

"맛이 어떠냐?"

"짭니다."

스승은 다시 소금 한 줌을 가져오라 하더니 근처 호숫가로 제자를 데리고 갔다. 그리고는 소금을 쥔 제자의 손을 호수에 넣고 휘휘 저었다.

잠시 뒤, 스승은 호수의 물을 한 컵 떠서 제자에게 마시게 했다.

"맛이 어떠냐?"

"시원합니다."

"소금 맛이 느껴지느냐?"

"아니요."

그러자 스승이 말했다.

"인생의 고통은 순수한 소금과 같다. 하지만 짠맛의 정도는 고통을 담는 그릇에 따라 달라지지. 지금 네가 고통 속에 있다면 컵이 되지 말고 스스로 호수가 되어라."

이는 우연히 알게 된 이야기이다. 그냥 무심코 읽고 넘길 수도 있지만, 혹시 내가 제자의 마음의 크기를 가진 건 아닌지 한번 돌아보면 어떨까? 마음의 크기는 인간관계에서 매우 중요하다. 인간관계에서 오는 고통은 흔히 상대방이 변했다고 느끼는 순간에 찾아오기도 하니까.

오랜 시간 함께 하다 보면 어느새 처음 내가 알던 모습과는 변한 그 사람을 마주한다. 처음에는 나에게 환심을 사기 위해 애쓰던 사람이, 이제는 나에게 보내는 문자에는 이모티콘은커녕 웃음 표시 하나 없으면 씁쓸해진다. 연인 관계도 그렇다. 이젠 그 사람 손을 잡으면 그게 내 손인지 너의 손인지 모르게 그냥 편하다. 떨림은 없다. 그래도 한편에서는 왠지 서운함이 일어난다. 예전에는 안 그랬는데 이제 뭐 익숙하다는 건가 뭔가. 별로 관심이 없는가 하고 생각하게 된다.

나는 남편과 각자 아침 출근길에 서로 통화한다. 일상이다. 그리고 통화로 오늘은 몇 시에 집에 온다, 저녁은 어떻게 하자 등을 얘기한다. 그런데 이것도 습관이 되다 보니 바쁜 어느 날은 아무 표정이 없는 말이 휴대전화에서 나왔다. 말에 어떠한 표정 자체가 없이 건조하다. 그것뿐일까. 시간이 그 사람과 나의 관계를 변화시키는 것뿐 아니라 상황도 그렇게 만든다.

"인간관계가 어려워 이기적으로 나를 위해 살아야겠다고 생각해 보신 적 있나요?"

여성 CEO를 대상으로 한 강연에서 늘 했던 질문이다. 한 온화한 표정의 중년 여성이 농담처럼 '남편과 싸우는 매일'이라고 한다. 물론 이해한다. 부부 사이 역시 인간관계이다. 사랑을 느끼게 하는 호르몬의 유효기간이 다 됐든, 함께하는 생활이 익숙해져서 그렇든 지금은 그때의 싱그러움은 바람에 흩날리는 벚꽃잎같이 날아가 사라진 지 오래다. 이제는 나 정도 되니까 살아주지, 애들 봐서 내가 참는다는 둥 많은 하소연을 하면서 나를 치켜세운다.

관계의 변질은 시간에서 오는 게 아니라 잊어버려서 온다. 오랫동안 함께 해온 익숙함 속에 서로가 소원해진 게 아니라 그 사람이 나에게 잘해준 기억, 내가 그로 인해 설레던 나날, 내가 좋아하는 것을 잊지 않고 기억해서 챙겨주던 일과 같은 좋은 기억은 바닷속 거품같이 사라지고 내게 상처 준 일, 나를 속상하게 했던 일, 거짓말로 나를 속

였던 일들만 거름망 속에 찌꺼기처럼 남아 뭉쳐져 그걸 되뇌고 원망하는 경우가 얼마나 많은가.

좋았던 기억보다 슬프고 나빴던 기억을 우리는 더 오랫동안 기억한다니 안타깝다. 나쁜 기억은 모두 잊고 좋았던 순간만 기억에 남을 수는 없겠지만 속상하고 우울해질 때면 함께 했던 날 중 좋았던 순간을, 아껴둔 젤리 하나 꺼내 입속에 넣어 잠시 맛을 느끼면 어떨까? 그 사람을 예전처럼 바꿀 수는 없으니 말이다.

그 순간만큼은 너무나 기뻐하던 옛날의 내가 아직 있다. 시간이 흘러 눈꼬리가 처진 힘든 나날 속 지금의 내 얼굴도 나이고 지금보다 좀 설익은 젊은 앳된 얼굴의 내 얼굴도 나다. 그리고 그곳에는 상대방도 같은 모습으로 있다. 이렇게 담담하게 받아들이면 마음이 평안해진다. 설렘이라는 단어가 퇴색해 버렸다면 그저 내 옆에 있는 묵직한 든든함으로, 그래도 그 사람은 내가 가장 잘 안다는 마음으로, 다른 누구도 가늠할 수 없는 서로에 대한 깊은 신뢰로 살아가는 건 어떨까? '든 자리는 몰라도 난 자리는 안다.'는 옛 어른의 말씀처럼, 우리는 어쩌면 늘 곁에 있어서 무뎌졌나 보다.

젊은 날 내일이 없을 것처럼 싸웠던 부부가 같이 여행을 가던 비행기에서 내가 서비스한 적이 있다. 여권을 한 손에 들고서는 "아마 이 여권이 내 인생 마지막 여권일 거야." 하면서 긴 비행시간 내내 자신보다 상대를 살뜰히 챙기는 모습을 나는 한동안 멍하니 바라보았다. 문득 이런 드라마 대사가 생각난다. '부부라는 건 남녀의 사랑을 한 차원 뛰어넘은 그 어떤 감정을 공유하는 사이이다.' 관계에서 서운함을 느끼면 이렇듯 관계의 변화를 한 번쯤 생각해 보자.

솔직하고 꾸밈없는 성격의 윤선영은 대학생 시절부터 알고 지낸 친구다. 그 시절 나는 비행을 하고 그 친구는 다른 분야를 전공하고 자취를 했기 때문에 식사는 늘 대충이었다. 그래서 난 비행 갈 때면 맛있는 간식거리를 사다 주었고 학교 앞에 가서 밥도 사주면서 잘 지냈다.

어느 날 이 친구가 결혼했고 이제 만나면 예전과는 모습이 달라져 있다. 호기 있게 자기가 밥을 사는 일도 없어지고 몇 년 만에 오랜만에 만나 식사를 하는데 6시가 되면 밥 차리러 가야 한다며 아직 5시인데 시계를 본다. 그런데 특유의 표정이나 말투는 옛날 그대로이다. 이럴 때는 과연 무엇을 탓하는 게 나을까?

어쩜 그렇게 사람이 변하냐, 내가 서운하니까 오늘 같은 날은 밥 차리지 말고 알아서 시켜 먹으라고 해라, 네가 예전에는 안 그랬다는 둥 말하면 달라질까? 그저 변한 그 모습까지 인정하면 된다. 윤선영은 변했다기 보다는 지금에 적응했을 뿐이다.

동물에게는 발달 기관과 흔적기관이라는 게 있다. 계속 사용하고 쓰는 기관은 더 발달하는데 안 쓰는 기관은 그 기능을 못 해 흔적만 남는다고 한다. 사람의 감각은 더더욱 그럴 것이다. 그 사람을 원래 그랬던 사람이 아닌데 변했다고 말할 게 아니라 여러 상황으로 인해 지금을 살아갈 수 있게끔 이렇게 바뀐 거라고 여기면 된다. 이것이 결국 다른 관점으로 상대방으로 바라보는 것이다. 그러면 그 사람을 또 다른 시각으로 대할 수 있고 관계를 유지할 수 있다.

정말 그 사람이 변했을 수도 있고 그저 변한 것처럼 보일 수도 있다. 하지만 뭐가 맞는지 그게 중요하지는 않다. 어쨌든 그래도 내 옆에 있다. 혹시 상대방은 내가 모르는 가슴 깊은 고통을 인내하며 살아가는지도 모른다. 친구를 그냥 그대로 받아들이는 일은 물론 말처럼 쉽지는 않겠지만 내 마음의 크기를, 조금만 키운다면 그 누구의 마음이 아니라 당신의 마음에 조용히 평화가 깃들게 된다.

우리는 어떤 상황에서든지
모두 소중하다

나 자신에 대한 자신감을 잃으면 온 세상이 나의 적이 된다.
-랄프 왈도 에머슨(Ralph Waldo Emerson)

출근길 차 안에서 들은 이야기가 있다. 지하철에 한 취객이 소란을 피웠다. 주변 사람들은 하나둘씩 불편한 표정이었고 그 주변 자리를 떠났다. 직원의 만류에도 불구하고 그의 목소리는 더욱 커졌다. 그렇게 시간이 흐르고 있을 때 한 젊은 사람이 와서 아무 말 없이 그 사람을 안아주었다. 그러자 이내 그는 소란을 멈추고 조용히 흐느꼈다고 한다.

어쩌면 우리에게 필요한 것은 이렇듯 다름 아닌 따뜻한 위로일 것이다. 사는 것일까 살아내는 것일까. 이것은 단순한 말장난이 아니라는 것을 당신은 알고 있다. 삶에는 힘든 순간이 있고, 그런 상황일 때면 그 마음을 위로받으려고 한다. 나는 소중한 사람'이라는 사실을 가끔 다른 사람들을 통해 느끼려고 한다. 그렇다면 내 주변 누군가에게 따뜻한 마음을 전해보자.

'너는 엄마의 소망, 희망, 사랑.'

이 말을 매일 밤 잠들기 전 딸의 귀에 대고 해준다. 아이가 초등학교 일 학년 때 학부모와 학생이 짝을 지어 퀴즈를 맞히는 놀이가 있었다. 선생님이 질문하면 손을 들어 정답을 말하는 놀이였는데, 그때 '나는 부모님의 ◯◯이다.'라는 문제가 나왔다. 딸은 번개처럼 손을 번쩍 들고 우리는 동시에 "소망! 희망! 사랑!"이라고 대답했다. 아이는 거의 소리쳤다고 하는 게 맞을 것 같다.

선생님은 좀 어리둥절해 하셨지만, 딩동댕 소리를 울렸고, 딸은 신이 나서 방방 뛰었다. 이 말을 아이가 태어날 때부터 해줬는데 그걸 이날 이렇게 써먹게 될 줄이야. 지금은 스스로 감정 조절이 잘 안되고 나쁜 말이 입에서 술술 나오는 사춘기를 맞이했지만 매일 밤 지금도 "너는 나의 소망이고 희망이자 사랑이야."라고 조용히 말해준다.

상대방에게 전하는 따뜻한 말은 위안을 넘어 살아가는 힘을 준다. 젊은 꼰대 박영윤은 회사가 맺어준 친동생 같은 후배다. 나의 퇴사 소식을 듣고 다시 한번 생각해 보라며 진심으로 만류했던 고마운 친구다.

어느 날 소화할 수 없는 양의 일에 떠밀려 마음이 바싹 말라 있던 하루였다. 너무 힘들 때는 아무에게도 말하고 싶지 않고 물을 마시거나 눈을 감고 뜨는 것도 버거울 때가 있다. 그때 갑자기 후배에게 전화가 왔다. 순간 나도 모르게 엉엉 소리 내어 계속 울었다. 전화 건너 목소리가 젖은 휴지처럼 무거운 걸 알고 이유도 묻지 않고 그 아이는 나에게 말했다.

"울어요. 얼마나 힘들어요. 그럴 땐 그냥 울어요. 눈물도 참으면 병나요. 잘하고 있어요. 얼마나 잘하고 있는데요. 괜찮아요. 선배가 있어서 나는 좋아요."

이 땐 누가 선배인가 싶다. 그 후에도, 지금까지도 그날 내가 왜 그랬는지 이유를 묻지 않는다. 이렇게 곁에서 나를 격려해 주는 것만으로도 위로받는다. 세상 일에는 '반드시, 절대적'이라는 말이 붙어야 하는 상황이 그리 많지 않은 것 같다. 그런데 이 말을 사람에게 쓴다면 누군가에게는 바로 '당신'이라는 존재가 반드시 있어야 한다. 쓸모없는 사람은 없다. 그러니 이것만은 기억하자. '나는 꼭 필요한 존재야, 나라는 사람은 그런 사람이야.' 그리고 나와 얽힌 사람에게 한번 말해 보자. 고맙다고. 괜찮다고.

자존감을 오랫동안 공부하고 자존감을 강의하며 줄곧 느꼈다. 우리는 모두 위로받고 싶어 한다. 자신이 지나온 시간에 했던 행동은 잘하고 싶어서 열심히 한 노력이다. 그 안에서 실패한 적도 있고 사람에게 상처받은 적도 있지만 일부러 못하거나 실수하려고 한 적은 없었다. 인생은 세상에 나온 그 순간부터 힘들다고 했던가. 갓 태어난 아기가 울면서 나오는 것처럼 말이다. 그러나 결과가 실패로 나왔다고 내 인생을 망친 것은 아니다. 우리는 죽고 싶은데 살아내고, 슬픈데 담담히 견딘다. 이 모든 일을 잘하고 있다.

그러니 누구에게 위로받고 싶어 하고 의지하려 하지 말자. 나만큼 나를 아는 사람은 없다. 나와 관계를 맺고 있는 사람이 나와 함께 했던 기간 동안 겪은 나를 나라고 생각하기 쉽다. 지금은 그들과 그때처럼 모든 것을 공유하지 않는다. 남자친구는 연애할 때 좋았던 자기의 이상형에 가까웠던 내 모습을 나라고 생각한다. 부모님은 결혼하기 전 나의 모습을 나로 기억하고 대하신다. 회사 사람들은 패기 넘치고 늘 열심히 했던 나의 모습이 나라고 생각한다. 그래서 지금은 내가 달라졌거나 변했다고 말할 수도 있다. 그러나 그때도 지금도 노력하며 살았을 뿐이다. 그런 나를 몰라 준다고 성낼 필요는 없다.

지금까지도 그래왔듯 앞으로 우리를 기다리고 있는 일에는 성취와 기쁨도 있지만 좌절과 비난과 슬픔도 함께 있다. 좋고 나쁜 것은 늘 함께 온다. 누군가에게 기대지 말고 내가 나를 위로해 주는 거다.

"항상 잘하고 있어. 정말이지 지금까지 정말 잘했어. 기특하고 대단해!"

높은 자존감으로 행복하게
살아갈 나를 힘차게 응원하며

처음 집필을 결심한 이유는 힘들고 지친 사람이 나의 이야기에 위로받고 내가 힘든 사람을 다독여 줄 수 있었으면 하는 바람에서였다. 그리고 지금까지 자존감을 높이고 스스로 마음을 챙길 수 있는 방법과 좋은 인간관계를 맺는 법에 대해 이야기했다.

낮은 자존감을 높이기는 생각보다 쉽지 않다. 원래 내 모습으로 돌아가려 하는 습성이 있기 때문이다. 일례로 새해에는 많은 계획을 세우지만, 그저 계획으로만 끝난다. 그러나 의지에 따라 충분히 바꿀 수 있고 결국 이는 얼마나 스스로 자주 노력하느냐에 달려 있다. 이 책은 그냥 한번 읽고 말 수도 있지만, 손닿는 곳에 두고 계속 열어보면 나를 긍정적인 기운으로 채우는 안내서로 활용할 수도 있다.

우리는 자주 다른 사람에게 예민하다. 사람들이 수군거리는 나에 대한 얘기, 나와 생각이 다르다고 말하는 사람의 태도에 신경쓴다. 직

장은 어디를 다니는지, 결혼은 했는지, 수입은 얼마나 되는지 비교한다. 그뿐만 아니라 나의 예상대로 술술 풀리는 일은 거의 없고 계속 고생스럽다. 이러한 상황을 유연하게 받아들이고 신경 쓰지 않을 방법은 다름 아닌 '마음의 힘을 키우는 것'이다.

내가 잘하는 것도 없고 쓸모없어 보였다면, 못나고 하찮게 여겨졌다면 오늘부터 이 책에 나온 내용을 연습해 보길 바란다. 조금씩 변하는 나를 만날 것이다. 자존감을 높이기 위해 나에게 도움을 청했던 학생도 훈련하고 노력한 결과 몇 년이 지난 지금까지도 높은 자존감과 강한 멘탈로 잘 지낸다.

우리는 어릴 때부터 타인에 대한 배려와 이해가 중요하다고 배워왔고 그게 바람직하다고 들어왔다. 상대방의 얘기에 기분이 나빠도 참아야 하고, 내가 힘든 상황에서도 고객을 보고 웃으며 대하도록 요구받기도 한다. 그러나 이것은 나의 내면이 건강해 타인을 위한 마음이 우러나서 하는 것이 아니다. 더욱이 그게 일상이 된다면 이것은 반복적으로 나를 힘들게 할 뿐이다.

이제 우리는 정작 나를 깊이 들여다보고 내 속에 나는 웃고 있는지, 감정이 갉아 먹혀 무감각해져 있지 않은지 살펴봐야 한다. 당신 스스로 내가 어떤 상태인지 모른 채 살아왔다면, 혹은 다행히 감사하게도 힘든 상태임을 알았다면 내 마음이 어디가 위로받길 원하고 어떻게 하면 나아질 수 있는지 이 책을 통해 회복하길 간절히 바란다.

이 책이 나오기까지 많은 분의 도움을 받았다. 긴 시간 동안 함께 고민하고 나의 의도를 잘 전달하고자 애써주신 유지은 편집장님, 부족함에도 흔쾌히 출간을 결정해 주신 나성원 대표님, 교재 출간의 첫 기쁨을 느끼게 해주신 스승 이지민 교수님, 강사 시절부터 든든한 버팀목이 되어주신 박민자 교수님, 내게 도움이 되는 일이라면 언제든 무엇이든 나서주는 대한항공이 나에게 선물해 준 든든한 사람들(누군지 말 안 해도 알지? 바로 당신), 집필에 필요한 여러 가지를 함께 고민해 준 순 식구들과 나의 제자들에게 사랑과 감사를 전한다.

마지막으로 "늘 나의 길을 예비하시는 하나님, 감사합니다."

- 《감정으로 소통하라: 불통을 해결하는 감정의 힘: 사람 관계 때문에 의기소침해지고 힘든 당신을 위하여》, 함규정 지음, RHK(알에이치코리아), 2016.
- 〈객실승무원의 마음 챙김이 직무소진에 미치는 영향: 재직기간의 조절효과〉, 명혜리·박민자·김형곤, 『관광레저연구』 32권 5호, 387~406.
- 《결국은, 자존감: 그냥 나로도 충분히 괜찮은 날들을 위해》, 사이토 다카시 지음; 정혜주 옮김, 엔트리, 2018.
- 《공감의 상호작용을 위한 사회 심리학-나와 타인의 이해》, 민웅기 지음, 기문사, 2021.
- 《내가 틀릴 수도 있습니다》, 비욘 나티코 린데블라드 지음; 박미경 옮김, 다산초당, 2022.
- 《당신 생각은 사양합니다》, 한경은 지음, 수오서재, 2019.
- 《당신은 좋은 사람입니다》, 윤혜진 지음, PlanB design, 2021.
- 《던바의 수: 진화심리학이 밝히는 관계의 메커니즘》, 로빈 던바 지음; 김정희 옮김, 아르테, 2018.
- 《반응하지 않는 연습: 나를 피곤하게 만드는 것들에》, 구사나기 류 지음; 류두진 옮김, 위즈덤하우스, 2016.
- 《(상대적이며 절대적인) 인간관계 지식특강》, 카도 아키오 지음; 양억관·김선민 옮김, 황금부엉이, 2016.
- 《우울할 땐 마카롱보다 마음 공부》, 김은정 지음, 국일미디어, 2019.
- 《잘 되는 나》, 조엘 오스틴 지음; 정성묵 옮김, 두란노, 2008.
- 《지면서 이기는 관계술: 사람도 일도 내 뜻대로 끌어가는 힘》, 이태혁 지음, 위즈덤하우스, 2013.
- 《카네기 인간관계론》, 데일 카네기 지음; 최염순 옮김, 씨앗을뿌리는사람, 2010.
- 《캣치: 마음을 훔치는 기술》, 바네사 반 에드워즈 지음; 김문주 옮김, 쌤앤파커스, 2018.
- 〈항공사 객실승무원의 표현 규칙이 감정 노동의 표면 행위에 미치는 영향: 회복탄력성의 조

절효과〉, 명혜리(2021), 『관광레저연구』, 33권 4호, 411~428.

- 〈항공사 객실승무원의 표현 규칙, 회복탄력성, 감정 노동 및 직무만족의 관계성 연구: 사회적 지지의 조절효과〉, 명혜리·김형곤(2021), 『관광연구저널』, 35권 8호, 79~93.

- 《행복을 묻는 당신에게 = All about happiness: 11인의 마음 주치의가 알려주는 행복의 기술》, 김아리 엮음, 김영사, 2020.

- 《행복을 훈련하라: 이철우 박사의 행복계발 1만 시간의 법칙》, 이철우 지음, 살림출판사, 2011.

- 《회복탄력성: 시련을 행운으로 바꾸는 유쾌한 비밀》, 김주환 지음, 위즈덤하우스, 2018.

- Healthline. "How to Recognize Gaslighting and Get Help." Last modified November 24, 2021. https://www.healthline.com/health/gaslighting#signs

- Huffpost. "7 Activities Anyone Can do To Feel As A Sense Personal Achievement." Last modified July 5, 2017. https://www.huffpost.com/entry/7-activities-anyone-can-do-to-feel-a-sense-personal-achievement_n_61087610e4b0999d2084fa7b

- 글 쓰는 마음, "다소 엉뚱한 생각," 2021. 6. 4. https://maily.so/teamwritelight/posts/5948f0